# REFLEXIONS PRUDENTES.

## PENSE'ES MORALES.

# MAXIMES STOÏCIENNES.

*Traduites. de l'Espagnol par le R. Pere* D'OBEILH, *de la Compagnie de Jesus.*

*A AMSTERDAM,*
Chez DANIEL ELSEVIER.
M. DC. LXXI.

*A MONSEIGNEUR*

L'EVESQUE

# DE LAON,

Duc & Pair de France,

Onseigneur,

Il n'y eut jamais siecle
plus moral que celui-cy

*2          &

& où chacun affectast da-
vantage de se faire des maximes de conscience &
d'honneur. Mais peut-
estre aussi jamais n'y en
eut-il, où ces belles regles
de morale que l'on se fait
fussent moins suivies, &
où il y eust moins de vertu
solide dans la vie ordinaire des hommes. On peut
dire que c'est l'hypocrisie
la plus ridicule & la plus
universelle, qui regne en
ce temps-cy, où les plus
ignorans & les plus vi-
cieux se servent plus or-
dinai-

dinairement de ces fen-
tences & de ces maximes,
qui ne peuvent avoir de
grace que dans la bouche
des plus fages & des plus
gens de bien. Cette har-
dieffe de vouloir enfei-
gner le monde par fes re-
flexions generales, & donner à tous les autres fes
propres regles pour les
fuivre, n'eft pardonnable
qu'à ceux qui font voir
par une conduite fort
loüable, que les preceptes
qu'ils donnent reüffiffent
dans la pratique, & qui



ren-

rendent la vertu encore
plus aimable par leurs
actions que par leurs difcours. Je ſuis par cette raiſon, Monſeigneur, fort é-
loigné de vouloir debiter
des maximes, des ſenten-
ces ny des reflexions : mais
j'ay crû avoir d'autant
plus de beſoin de profiter
de celles des autres. Quelques perſonnes de merite
de mes amis, qui ont ſceu
que je les recherchois avec
quelque ſoin, ayant deſiré
de voir celles du Pere Nie-
remberg, j'ay conſenti de
les

les leur traduire en noftre langue, d'autant plus volontiers, que la vertu extraordinaire de ce favant homme les doit authorifer davantage. Mais comme elle n'eft pas auffi connuë en France qu'en Efpagne, où l'on conferve une extreme veneration pour fa memoire; j'ay crû, Monfeigneur, que rien ne pourroit y donner plus de poids, que fi je prenois la liberté d'y faire paroiftre voftre nom & de les mettre fous voftre protection.

* 4

On

On n'y verra rien, Monseigneur, de plus grand que ce qu'on voit tous les jours dans vos actions ; & il ne s'y lira point de preceptes d'une vertu si elevée & si genereuse , qu'on n'en trouve de plus beaux exemples dans voftre conduite. Il n'eſt pas neceſſaire pour cela, Monſeigneur, d'étudier dans le particulier vos manieres si pleines de bonté & d'honneſteté ; ny méme de vous ſuivre dans les fonctions Apoſtoliques de voſtre miniſtere, où vous

éta-

établiſſez avec tant de zele l'ordre & la diſcipline
Eccleſiaſtique, & où l'on
vous a vu tant de fois vous
expoſer aux dangers d'un
air tout corrompu par la
peſte, & engager vos meu-
bles de prix pour ſubvenir
aux neceſſitez de voſtre
troupeau affligé. On rend
de tous coſtez des témoi-
gnages plus grands & plus
publics à voſtre vertu ; &
tant de Souverains qui
employent leurs offices par
leurs lettres & par leurs
Ambaſſadeurs pour vous
ob-

obtenir du saint Siege la
plus Eminente dignité
qu'il puisse conferer, croyent en cela ne rien de-
mander pour vous , qui
soit aussi grand que les
qualitez qu'on admire en
vostre personne , & qui
les obligent à ces sollici-
tations. Ils savent, Mon-
seigneur , que toute la
Chrestienté leur sera obligée d'avoir contribué à é-
lever à ce premier rang
de l'Eglise un sujet si plein
de merite ; & qu'une naissance aussi illustre que la
vostre,

voſtre, une capacité ſi vaſte & ſi univerſelle, un genie ſi beau & ſi poli, une vertu ſi bienfaiſante, & une grandeur d'ame ſi merveilleuſe, font encore de plus vives inſtances qu'ils n'en peuvent faire auprés d'un auſſi grand Pape que celuy que nous avons aujourd'huy. Permettez moy, Monſeigneur, de joindre mes vœux à ceux de tant de Royaumes, & de tant de teſtes couronnées, & d'entrer dans l'intereſt public

de

de toute l'Europe ; si je
manque des qualitez ne-
cessaires pour m'y faire di-
stinguer, je tâcherai toûjours de le faire par mon
profond respect & par le
zele tres-pur & tres-ardent
avec lequel je serai toute
ma vie,

MONSÉIGNEUR,

*Vostre tres-humble & tres-
obeïssant serviteur*

F. D'OBEILH.

# REFLEXIONS PRUDENTES.

## I.

IL n'est point de maistre plus habile pour nous apprendre à devenir sages & prudens, que l'experience. On n'a pas beaucoup de peine à acquerir cette precieuse qualité, lors qu'on fait reflexion sur le malheur des autres, & il coûte peu de se faire sage à leurs dépens. C'est connoistre parfaitement l'usage des choses, que de sçavoir se servir à propos de l'occasion. Elle nous découvre la difference qu'il y a entre un homme sage, & celui qui ne l'est pas. Le premier l'apperçoit de fort loin, & l'attend constamment, afin de ne la laisser pas échaper ; L'autre ne la voit, comme l'on dit, que par les épaules, & quand elle n'est plus.

A      II. Le

## II.

LE plus grand art de la Prudence ne confiste pas tant à regarder le prefent, qu'à bien confiderer l'avenir. On dit de certaines gens qui fe mélent de prédire les chofes futures, qu'ils ont les yeux fi penetrans, qu'ils voyent méme à travers les murailles, & jufques fous la terre ; mais il eft certain qu'un homme vraiment fage & prudent, découvre avec les lumieres de fon efprit tout ce qu'il peut y avoir de plus caché dans la fuite des temps. Il ne perd jamais le fouvenir des chofes paffées, il ménage fort bien le temps prefent, & il pourvoit fans inquietude à l'avenir.

## III.

CElui qui veut arriver bien-toft au plus haut point de la fageffe & de la prudence fans le fecours d'un maiftre étranger, n'a qu'à s'accufer toû-

toûjours le premier, & qu'à examiner soigneusement s'il n'est point
coupable des mémes fautes qu'il condamne dans les autres. On devient
en fort peu de temps maistre de soy-
méme, lors qu'on se sert des imper-
fections des autres comme d'un mi-
roir fidéle, pour découvrir les sien-
nes.

## IV.

LA raison doit éclairer toutes nos
actions. Il ne faut pas faire le
bien par inclination, ni aussi punir
par passion. N'ordonnez jamais de
chastiment estant en colere, & ne
songez point à recompenser personne
lorsque vous vous sentirez transporté
de joye. Ce n'est pas qu'il ne faille
obliger avec plaisir, mais il n'est nullement à propos que la joye & le plaisir distribuent les bienfaits.

## V.

NE s'appuyer pas trop sur la fortune, & consulter toûjours la prudence, est un moyen assûré pour réüssir dans ce que l'on entreprend. Il y a plus d'habileté à ne réüssir pas avec bon conseil, qu'à venir à bout de ses desseins avec temerité.

## VI.

LE secret n'est autre chose que la clef de la prudence. Celui qui fait part de son secret à une seule personne, n'a nul sujet de se plaindre de ce que tout le monde le sçait. Si vous ne desirez pas qu'une chose soit connüe de plusieurs, ne la découvrez à personne. On se fie mal à propos à son voisin, quand on se trahit soi-méme.

VII. En

## VII.

EN se taisant un foû acquiert de l'estime, & un homme sage établit encore plus fortement sa reputation. On ne hazarde rien, & souvent on gagne beaucoup, lors qu'on est retenu à parler; Mais il est toûjours dangereux de parler beaucoup, & le plus honneste homme du monde se décrie par un grand flux de paroles.

## VIII.

IL ne faut jamais rien dire aux autres, dont vous ne soyez pas vousméme bien assûré; car si c'est quelque chose qui regarde un grand Seigneur, ou quelqu'autre personne riche & puissante, ne doutez pas que ce que vous aurez dit en secret à un autre, ne soit incontinent sceu. Ceux qui font profession de plaire aux grands & aux riches, lisent jusques dans les penfées des autres; ainfi celui à qui vous aurez feulement dit voftre foupçon, ne manquera pas de faire paffer pour une verité, ce que vous n'aurez peut-eftre pas encore bien imaginé.

## IX.

C'Eft une heureufe faute, & méme trés-utile, que de parler avantageufement de toutes fortes de perfonnes. On n'a pas tant de fujet d'appeller flateurs ceux qui ne loüent pas feulement les riches & les grands, mais qui difent auffi du bien des abfens, & de ceux qui font dans la mifere & dans l'affliction.

## X.

ON s'attire l'eftime de tout le monde, quand on gouverne fagement fa langue, & le profit qu'on en retire, eft que nul ne parlera mal de celui qui dit du bien de toutes fortes de perfonnes.

XI. Il

## XI.

IL y a des gens qui par prudence affectent de paroiſtre fort contens, bien qu'en effet ils ne le ſoient pas. Ils veulent par cet artifice ſe mettre bien auprés de ceux dont ils dépendent, donnant leur approbation avec mille loüanges, à tout ce que ces perſonnes cheriſſent. Aprés tout, on ne perd rien à témoigner de faire eſtat de ce qu'un autre eſtime beaucoup, & il eſt moins dangereux de loüer ſes meubles & les raretez de ſon cabinet, que de dire du bien de ſa perſonne quand on n'en a pas de ſujet.

## XII.

ON s'accuſe devant le temps, quand on ſe preſſe trop de faire ſatisfaction; il y a de l'imprudence à ſe condamner ſoi-méme, lors qu'on n'a point encore de partie; il eſt temps de répondre , & d'expofer fes raifons quand on nous interroge , & qu'on veut eftre éclairci d'une affaire. Si vous jugez que la plainte qu'on doit faire , eft de quelque importance , la prudence veut que vous preveniez les fuites , & que par de fort honneftes excufes vous contentiez, s'il eft poffible , la perfonne qui fe fent defobligée. Mais fi vous eftes certain qu'on n'a nul fujet de fe plaindre de vous, ne fongez feulement pas à vous juftifier , car ce feroit donner quelque poids & plus de force à la plainte qu'on a envie de former contre vous.

## XIII.

IL vaut mieux recevoir une injure, que d'écouter avec plaifir une flaterie. En effet, je tiens qu'il n'eft pas poffible d'outrager plus cruellement un homme, que de le tromper, & de luy vouloir ofter le jugement.

Fer-

Fermez également les oreilles aux flateurs qui vous loüent avec excés, &
aux médifans qui blâment les autres
fans raifon.

## XIV.

QUand un homme puiffant vous
dira quelque chofe de fàcheux
& de defobligeant, n'en témoignez
aucun reffentiment, mais perfuadez
vous au contraire qu'il vous a fait
plaifir, & que c'eft une grace que
vous venez de recevoir de fa part. Il
femble que les paroles de ces fortes
de perfonnes, ont un privilege & un
caractere tout particulier que celles
des autres n'ont pas. Ainfi n'efperez
pas d'en pouvoir jamais tirer raifon.
Je ne vous confeillerois pas méme de
le faire, quand vous le pourriez aifément. Laiffez donc parler librement
celui qui peut vous donner part en
fes bonnes graces, & dont vous pouvez un jour avoir befoin.

A 5     XV. Rien

## XV.

Rien n'eſt plus oppoſé à la veritable prudence que cette maxime d'eſtat qui ordonne de faire du mal à celui qui nous en a fait, pour donner de la crainte aux autres, & leur faire connoiſtre par experience qu'ils ne ſeront pas traitez plus doucement s'ils nous attaquent. C'eſt de cette ſorte qu'on cache ſa paſſion ſous le voile de la prudence. Il eſt plus facile de s'acquerir beaucoup d'amis par la douceur & par l'honneſteté, que d'en conſerver quelques-uns par la crainte.

## XVI.

Il eſt trés-dangereux de ne vouloir point pardonner. Le deſepoir fait entreprendre d'étranges choſes. Je veux que cet homme ne vous ait que legerement choqué, mais s'il faut quil ſoit voſtre ennemi irreconcilia-

ciliable , & que sa haine dure toûjours, il pourra vous nuire beaucoup,
& avec le temps il engagera bien des
gens à l'aider dans la vengeance qu'il
medite.  Il est rare de voir changer
un homme que la passion a fait sortir
hors de luy-méme , qui n'apprehende rien , & qui n'écoute plus ni ses
amis , ni son devoir.

## XVII.

VOus vous plaignez mal à propos
du tort qu'un homme vous a
fait, puisque vous vous estes fié à lui ,
sçachant qu'il avoit fait du mal aux
autres , & qu'il les avoit trompez.
Vous n'avez que trop de sujet de
vous defier de lui aprés cette experience , mais faites le sans qu'il s'en
apperçoive.

## XVIII.

NE vous flattez point que l'on
parle sincerement, lors qu'on

dit de vous les chofes du monde les plus obligeantes, il fuffit de le croire, quand on en vient aux effets. On trouve affez de gens qui ne parlent mal de perfonne, & qui cependant ne font du bien à qui que ce foit. Il faut fçavoir deviner les flateries, qui doivent faire une experience pour l'avenir, & ne leur donner de la créance, que fuivant l'effet dont nous les avons veües fuivies d'abord.

## XIX.

IL eft certainement dangereux d'offenfer un homme qui fe trouve en un lieu éminent, & qui a de l'avantage fur vous; il l'eft pourtant quelquefois davantage, de s'attaquer à fon veritable ami, parce qu'il croit que fa reputation eft bleffée, quand on s'en prend à celui qui eft le dépofitaire de tous fes fecrets; c'eft pourquoi il aura plus de peine

à ou-

à oublier cette injure, que si on l'a-
voit attaqué en sa propre personne.
Un homme genereux est ordinairement satisfait, quand il voit qu'il a le
pouvoir de chastier celui qui l'a ou-
tragé, mais il ne luy est pas facile de
donner des bornes à son ressenti-
ment, lors qu'il fait reflexion qu'il
est obligé de venger son ami. Il peut
bien concevoir qu'il y a de la lâcheté,
ou du moins quelque foiblesse à se
venger soi-méme; mais il croit toûjours que l'honneur aussi-bien que
son devoir l'engagent à tirer raison
de l'affront qu'on a fait à son ami.

## XX.

IL coûte bon de faire une insulte à
celui qui est dans la haute élevation. Toutes les soumissions du
monde, & les services les plus réels
ne seront quelquefois pas capables
d'effacer de son esprit le souvenir de
l'injure qu'il a receüe. Il n'y a per-



sonne

fonne qui ne regarde l'honneur comme une chofe qui luy appartient de
droit, & qui n'ait une horrible averfion du mépris. Enfin il eft conftant
qu'on a plus de peine à fe voir mé-
prifé, qu'on ne reffent de joye lors
qu'on reçoit les plus grands honneurs.

## XXI.

L A fouveraine habileté de la vie
confifte à fupporter les maux
qui arrivent. La patience eft le plus
folide fondement de la vertu, & l'on
ne peut arriver à la veritable grandeur qu'en fouffrant extraordinairement. Il ne faut pas tant de courage
pour attaquer un ennemi redoutable, que pour endurer avec patience un changement de fortune, où
quelqu'autre fàcheufe difgrace.

XXII. Ceux

## XXII.

CEux qui sçavent juger équita-
blement, font consister la parfaite valeur à se vaincre soi-méme.
Les Rois qui avec de puissantes ar-
mées gagnent des batailles, & prennent des villes, font redevables de
leur gloire aux Capitaines & aux sol-
dats qui ont bien fait leur devoir;
au lieu qu'un veritable heros qui s'est
rendu le maistre de ses passions, n'est
redevable de cette glorieuse victoire,
qu'à sa propre valeur.

## XXIII.

UN méchant homme est capable de faire affront à qui que ce
soit, mais il n'appartient qu'à un
grand cœur de le méprise r, & de
n'en témoigner pas le moindre res-
sentiment. Faire du mal aux autres,
c'est la chose du monde la plus aisée,
mais le souffrir par generosité, &

sans

fans fe plaindre , c'eft la chofe du monde la plus difficile.

## XXIV.

VOus donnez de nouvelles forces à voftre ennemi , lorfque vous vous plaignez de lui , il n'y a rien qui le fatisfaffe davantage , ni qui le ren- de plus fier & plus infolent , que de voir que vous ne pouvez pas endurer le mal qu'il vous a fait. C'eft lui dé- couvrir voftre foible , & lui mon- trer par où il faut qu'il vous attaque une autre fois ; de forte qu'à pro- prement parler, c'eft vous-méme qui eftes l'occafion de voftre peine. On prend plaifir à voir une perfonne que l'on a obligée , mais on a toûjours du mépris ou de l'averfion pour ceux qu'on a offenfez.

## XXV.

IL n'eft que bon d'eftre aimé de toutes fortes de gens , mais il eft
dan-

dangereux d'avoir quelque ennemi.
les vrais honneſtes gens ſont propres
pour la ſocieté & pour la converſa-
tion ; Mais comme rien n'eſt plus rare qu'un ami fidéle, je vous conſeille
de le chercher avec beaucoup de ſoin.
Quand vous l'aurez rencontré, per-
ſuadez-vous que voſtre bonheur n'eſt
pas petit. On s'acquiert des amis par
la ſouffrance, & par la liberalité.

## XXVI.

RIen n'eſt ſi dangereux qu'un
méchant homme qui s'étudie
de cacher ſa malice ; mais il a beau ſe
déguiſer, le temps fera tomber le
maſque dont il ſe couvre. L'attente
a ſon tour aprés la raiſon, & avec un
peu de loiſir & de patience, on découvre la malice & les artifices qui
ſembloient eſtre impenetrables à la
lumiere des plus grands eſprits.

XXVII.

## XXVII.

QUand vous avez à dire du bien de vos amis, faites le devant tout le monde ; Mais si vous croyez estre obligé de les reprendre, il faut que ce soit en particulier. Celui qui consent au desordre & au peché de son ami, ou qui est assez lâche pour ne l'en point détourner, se rend coupable de la méme faute. L'Empereur Domitien, qui semble n'estre venu au monde que pour y faire tout le mal possible, n'a pas laissé de dire une chose fort raisonnable & qui sert infiniment au commerce de la vie ; *Le silence des gens de bien donne de la hardiesse aux médisans, & c'est augmenter leur fureur, que de ne se pas mettre en peine d'arrester le cours de leur malignité.*

## XXVIII.

NOus ne pouvons parler des richesses que selon le bon ou le
mau-

mauvais usage qu'on en fait. L'argent est esclave, quand on sçait l'employer à propos, & il devient le maistre de celui qui s'y attache trop, ou qui ne s'en sert pas comme il devroit. Vous faites de grandes acquisitions, lors que vous secourez ceux qui sont dans la necessité. Un homme misericordieux gagne plus en faisant du bien, que ceux-là mémes sur qui s'étendent ses bienfaits.

## XXIX.

S'Il arrive qu'on vous demande quelque chose, ne soyez pas long-temps à y répondre. On n'est trompé qu'à demi, quand on a un prompt refus.

## XXX.

UN refus est une chose bien sensible à des gens qui sont pauvres & qui n'ont nul moyen de s'aider; Mais il n'y a point de mal plus

diffi-

difficile à supporter, que l'ingratitude.

## XXXI.

IL y a assez de rapport d'un homme liberal avec celui qui séme. Le laboureur jette son grain à l'avanture, le vent l'emporte, & le distribuë comme il luy plaist; les oiseaux en mangent une partie, qui se change par consequent en ordure; mais l'autre partie qui sera tombée plus avant dans la terre, aprés y avoir demeuré quelque temps comme ensevelie, paroistra aux yeux du laboureur pour le rejoüir, & retournera dans sa grange avec usure.

## XXXII.

FAites tout le bien que vous pourrez tandis que vous joüissez de la faveur, & que la fortune vous caresse, vous le retrouverez au temps de l'adversité. Celui à qui vous faites

du

du bien lors qu'il ne s'y attendoit pas,
se croit doublement obligé. Tout le
monde est redevable à celui qui fait
plaisir aux gens de bien.

## XXXIII.

CElui qui ne donne rien à personne, est le Thresorier de son
heritier, lequel aprés la mort de cet
avare, cachera sous des larmes fein-
tes & sous une douleur apparente, la
veritable joye de son ame. L'avarice
des vieilles gens est un monstre fort
ordinaire dans le monde, mais pour
parler exactement de l'ardeur avec laquelle les personnes riches travaillent
pour augmenter leur revenu, il faut
dire, ce me semble, que ce desir &
cette passion n'est autre chose qu'une
pauvreté fort richement meublée.

## XXXIV.

NE refusez point aux autres, ce
que vous serez peut-estre obligé
de

de leur demander à voftre tour, & fi vous eftes fage, ne demandez pas ce que vous avez refufé. Rendez la juftice à celui qui vous la demande, & faites auffi plaifir à ceux que vous en jugerez dignes.

## XXXV.

Rien ne s'efface plus prompte-ment qu'un bienfait ; C'eft le perdre que de s'en reffouvenir, ou de fe repentir de l'avoir accordé. C'eft eftre extremement imprudent, que d'avoir regret du bien qu'on a fait, car par ce moyen on perd deux fois la chofe qu'on a donnée; Elle n'eft déja plus à nous, quand un autre l'a receüe, & le don fe perd encore, quand on y penfe trop.

## XXXVI.

IL eft toûjours plus avantageux de donner, que de recevoir. Lors que vous faites du bien aux autres,

vous

vous les engagez dans vos interefts,
& il femble que vous vous établiffez
comme leur fouverain, au lieu que
lors que vous recevez d'eux quelque
chofe, vous devenez leur efclave en
quelque maniére. Ne vous vantez
point d'avoir obligé voftre ami, c'eft
lui faire injure d'en parler feulement.
Laiffez lui le foin de publier voftre
generofité, vous ne pouvez pas defirer un plus illuftre témoignage de
fa reconnoiffance.

## XXXVII.

IL n'y a pas grande difference entre un ingrat, & celui qui fe plaint
trop ouvertement qu'on lui a refufé
la grace qu'il efperoit. Il a grand tort
d'appeller injuftice ce qui tout au
plus ne vient que d'un défaut de liberalité; un homme qui en ufe de
la forte, ne diftingant pas ce qui
fe doit par juftice, d'avec ce que
l'on accorde par liberalité, ne fe
croit

croit jamais obligé à la reconnoiffance.

## XXXVIII.

ON ne s'eft pas obligé à donner
toûjours, quand on a donné
fouvent ; il femble méme que l'on
eft en droit de refufer quelquefois,
fur tout lors qu'on a perdu fes bienfaits en obligeant des ingrats ; mais
il eft hors de doute que celui qui reçoit toûjours, n'a pas pour cela plus
de droit de demander.

## XXXIX.

L'Ingratitude eft une chofe trés-
commune & fort ordinaire parmi les hommes. Il arrive rarement
que le fouvenir d'un bienfait dure
plus d'un jour. La grandeur d'un
bienfait eft aifément effacée par la
grandeur d'une injure, & il y a tant
de corruption parmi les hommes,
qu'ils croyent n'eftre plus obligez de
con-

conſerver la memoire des graces qu'ils ont receües , quand on les a offenſez.

## XL.

NE vous laiſſez point ébloüir par la faveur des grands , & ſi vous voulez me croire , ne faites jamais trop de fond ſur leur amitié. On ne ſçauroit voler bien haut avec des ailes empruntées. Il n'eſt rien de plus inconſtant que la fortune , elle precipite ſouvent ceux qu'elle avoit pris plaiſir d'élever ; mais quand cela n'arriveroit pas , vous devez eſtre convaincu que les hommes n'ont pas toûjours les mémes inclinations.

## XLI.

LOrs que vous ſerez à l'ombre de la proſperité & de l'élevation de quelque perſonne puiſſante , ne travaillez pas à voſtre ruïne , en procurant celle des autres ; mais ſouvenez

B

vous

vous que le soleil s'abbaisse & difparoift tous les jours. C'eft eftre foû, que de vouloir eftre ami d'un feul, afin de pouvoir nuire à tout le monde.

## XLII.

SI vous eftes dans les bonnes graces du Prince, n'employez voftre credit qu'à obliger autant de gens qu'il vous fera poffible, & ne vous fervez pas de la faveur pour offenfer qui que ce foit. Tafchez de ménager fi fagement voftre fortune, que tous vos amis foient obligez de la regarder comme leur propre bonheur. Enfin donnez lieu à toutes fortes de perfonnes de fe réjoüir de ce que vous eftes admirablement bien auprés de celui qui peut tout.

## XLIII.

NE dites pas ouvertement que vous eftes favori, fi cela n'eft

connu

connu de tout le monde ; diffimulez quelque temps, & goûtez en fecret voftre bonheur, jufqu'à ce qu'il devienne public, & qu'il foit fceu des Grands & du peuple ; & alors il faut l'avoüer franchement, & ne fe rendre pas fi difficile à prier pour ceux qui vous en feront inftance, quand méme ils ne devroient pas obtenir ce qu'ils vous engagent de demander pour eux. La feule inclination que vous témoignerez avoir de les obliger, les contentera infailliblement, & s'il arrive que l'affaire que vous avez recommandée, ne réüffiffe pas felon leur defir, ils ne s'en pourront prendre qu'à celui dont elle dependoit abfolument.

## XLIV.

VOus établiffez mal un edifice, quand vous l'élevez trop à la hafte. Ce qui fe fait avec precipita-



tion,

tion, tombe aifément, n'eftant pas bien appuyé. Il ne faut pas que vous fongiez à vous élever tout d'un coup, encore que vous vous trouviez fort avant dans la faveur, de crainte qu'on ne vous precipite en un inftant.

## XLV.

BOrnez vos pretenfions à une mediocre fortune, c'eft celui de tous les differens états qui eft le plus heureux & le plus fouhaitable ; on y vit plus tranquilement, & l'on y eft moins en danger qu'en tous les autres. Une haute fortune eft accompagnée de mille chagrins, & tout y eft à craindre. Le trop de richeffes accable l'homme & le met en danger à tous momens. La foudre reduit plus fouvent en poufiére les maifons qui font fort élevées, que les petites cabanes des bergers ; la premiere maladie abat ordinairement

les

les corps les plus forts & les plus
robustes.

## XLVI.

DE toutes les passions, celle qui
peut nous faire plus de mal,
c'est l'esperance ; j'entens parler de
celle qui n'est appuyée que sur la faveur des hommes ; elle nous trompe
ordinairement , & aprés avoir fait
concevoir de grands desseins à ceux
qui l'ont écoutée, elle les precipite
dans un effroyable abisme de malheurs.

## XLVII.

DEfiez vous d'un homme timide
& sans cœur, il est plus à craindre que les autres, parce que n'ayant
aucune valeur, & manquant de courage, il a recours aux artifices, & à
la trahison. Vous aurez moins de
peine à vous défendre contre deux



enne-

ennemis découverts, que contre un seul quand il est caché.

## XLVIII.

LEs hommes lâches & timides font ordinairement foibles d'esprit, extremement défians, credules au dernier point, cruels & sanguinaires. La crainte qui leur fait paroiftre du danger où il n'y en a point, leur persuade en même temps qu'il faut le prévenir, c'est pourquoy ils font dans une perpetuelle défiance, & encore que les embufches qu'ils apprehendent, foient purement imaginaires, toutefois comme ils se font mis dans la tefte qu'elles font réelles & effectives, ils regardent la pluspart des gens comme leurs ennemis, bien que le plus fouvent on ne penfe feulement pas à eux. De cette crainte vient la haine, & celle-ci fait naiftre le defir de la vengeance que rien ne peut arrefter; Ils en viennent

quel-

quelquefois jufqu'à des excés barbares & pleins de cruauté, où les plus in-
nocens fe trouvent enveloppez ; il
n'y a point d'artifice qu'ils n'employent pour faire perir ceux qu'ils
croyent eftre leurs ennemis , & jamais ils ne font en affûrance , qu'ils
n'ayent détruit tout ce qui fait le fujet de leur crainte.   Ainfi l'on peut
dire des plus lâches & des plus timides, qu'ils font prodigues, puis qu'ils
achettent fi cherement ,  non pas la
valeur, mais le repos & la tranquil-
lité.

## XLIX.

ON peut ajoûter à cela , qu'il
y a lieu de redouter un homme
qui apprehende lui-même de tomber
dans la derniere neceffité , parce que
l'avarice n'infpire que des fentimens
criminels & barbares. La trahifon &
la perfidie jointe à la poltronnerie,
fupplée au défaut de la valeur; de

forte qu'un homme qui n'a nulle generosité, est plus à craindre que celui qui en a beaucoup. Mais on ne doit attendre de celui qui ne peut presque plus rien, & qui a horreur de la misere & de la pauvreté, que des cruautez étranges, & des emportemens tout à fait barbares.

## L.

ON n'apprehende rien, lors qu'on n'espere rien. Il est trés-difficile de guerir de la peur un homme qui craint indifferemment toutes choses, qui pâlit & qui tremble à la moindre occasion ; mais quand il neglige de se précautionner contre ces fausses alarmes, & quand il se laisse accabler par la pesanteur qui semble estre attachée à cette sorte de crainte, il faut conclure que le mal est sans remede.

## LI.

SI vous confideriez que vous eftes homme, vos malheurs ne vous fembleroient pas nouveaux; fi vous faifiez auffi reflexion fur les difgraces qui arrivent aux autres, je m'affûre que les voftres vous paroiftroient legeres.

## LII.

PRenez les chofes par le meilleur endroit ; beaucoup de gens qui fe croyent malheureux, ne le font que parce qu'ils fe comparent avec les plus heureux. Le malheur qui eft commun, devient un fujet de confolation, ou du moins n'a rien de fi affligeant. Et l'experience nous fait affez voir, qu'une mediocre difgrace, ceffe de l'eftre, & n'en retient pas même le nom, lorfqu'on lui en oppofe une plus grande.



LIII.

### LIII.

C'Eſt mal fait de chaſſer ſur les terres d'autrui, mais c'eſt à mon avis, une bien plus grande faute, de ne vouloir chercher ſon divertiſſement & ſa ſatisfaction, que hors de chez ſoi. Il faut que le cœur s'entretienne de ſon bien propre, rien n'eſt plus capable de le réjoüir, qu'une bonne diſpoſition de corps & d'eſprit. Un homme qui ſe porte bien, & qui a faim, ſe contente des viandes les plus communes, & les trouve fort bonnes.

### LIV.

LA ſobrieté excite l'appetit, & fait qu'on goûte mieux les viandes. Un plaiſir criminel ne laiſſe que du chagrin & de l'amertume, au lieu qu'une ſatisfaction qui n'eſt point contraire à la vertu, répand je ne ſçai quelle douceur dans l'ame, qui en demeu-

demeure long-temps penetrée. Les peines les plus fâcheuses sont addoucies par le témoignage de la bonne conscience.

## LV.

UN ennemi est toûjours à craindre, quelque méprisable qu'il paroisse. Il n'y a point de gens plus prests à faire un mauvais coup, que ceux qui n'ont ni honneur, ni courage. On ne manque jamais de raisons, lors qu'on veut refuser quelque chose, ou qu'on est resolu de faire du mal aux autres. Un danger méprisé ne tarde guéres à revenir.

## LVI.

IL y a beaucoup à profiter dans la compagnie des honnestes gens, mais rien n'est aussi plus dangereux, que de converser avec les méchans. La vertu la mieux établie est toû-



jours

jours chancelante en leur compagnie ; au moins elle perd toute son estime, & je vous assure qu'elle a de la peine à conserver son lustre. Un bon conseil sert infiniment, le bon exemple a beaucoup de force pour persuader, & nous voyons qu'il ne faut que cela pour inspirer de l'ardeur, & de genereuses resolutions aux plus lâches. On trouve l'un & l'autre parmi les gens de bien. Leur exemple nous anime, & les avis qu'on en reçoit, mettent de l'ordre en toutes nos actions. Il faut dire tout le contraire des vicieux. Leurs conseils plongent en de grands malheurs ceux qui les suivent, & leur exemple fait que les plus retenus renoncent à toute sorte de pudeur. Il arrive d'ordinaire que parmi de méchans hommes, un homme vertueux est presque fâché de l'estre.

LVII. La

## LVII.

LA diſſimulation enſevelit bien des injures , & arreſte le cours de pluſieurs affronts qu'on auroit peine à éviter ſans cela. Il ne faut pas s'imaginer que celui qui nous fait un outrage par la haine qu'il a conceüe contre nous, en ſoit la ſeule cauſe, nous y contribuons auſſi quand nous ne le ſouffrons pas patiemment.

## LVIII.

LA plus innocente , & la plus dé-liée de toutes les vengeances , eſt de ne pas faire ſemblant qu'on a eſté offenſé ; parce que le chagrin & le déplaiſir que noſtre ennemi nous pretendoit donner, en nous faiſant un affront, retombe ſur lui , & le tourmente furieuſement , voyant qu'on n'en eſt pas touché au point qu'il s'eſtoit imaginé ; de ſorte qu'il eſt au deſeſpoir de ſe voir fruſtré de

B 7

son

fon efperance, & il porte ainfi la peine de fa mauvaife volonté.

## LIX.

ON ne doit pas trop fe mettre en
peine de l'évenement des chofes, il ne faut pas du moins tant faire paroiftre l'inquietude où l'on eft
quand elles ne vont pas bien à noftre
fantaifie. S'il vous arrive quelque difgrace, n'en témoignez pas trop de
douleur, afin de mortifier voftre
ennemi. Si au contraire les chofes
réüffiffent felon voftre defir, mo-
derez voftre joye, pour fervir
d'exemple aux ambitieux.

## LX.

ON attaque un château par l'endroit le plus foible ; il y a de
l'imprudence à découvrir par où noftre efprit eft le plus expofé, en mar-
quant fon fenfible ; On ne tardera
guéres à nous bleffer en cet endroit-
là.

là. Faites donc en forte qu'on ne fçache point ce qui vous touche le plus vivement.

## LXI.

ON fe rend facilement le maî-tre du cœur d'une perfonne, quand on étudie fes inclinations; c'eft y entrer, comme l'on dit, par la bréche, que de fe fervir de cet in-nocent artifice, pour avoir part en fes bonnes graces. Il n'eft pas fi facile qu'on fe l'imagine, de plaire aux gens, pour en venir à bout, il faut de l'adreffe & du bonheur, fur tout, lors qu'on ne veut point employer la flaterie.

## LXII.

SOyez lent & confideré à entre-prendre une affaire, & trés-prompt à l'achever. Pour terminer heureufement une guerre en peu de temps, il faut faire reflexion fur plu-
ficurs

fieurs chofes; l'ouvrage eft déja fort avancé, quand avant que de le commencer, on y a penfé tout à loifir.

## LXIII.

C'Eft eftre foû, que de fe mettre en danger de perdre fa reputation par trop d'empreffement à la vouloir conferver; cela arrive d'ordinaire à celui qui pour la defendre, employe beaucoup de paroles; car fi c'eft la paffion qui les lui fait dire, bien que la raifon foit de fon cofté, il paffera les bornes, & en viendra à quelque excés. De forte qu'il fe fera plus de tort par la maniere de defendre fa reputation, que fon ennemi ne luy en euft pû faire en tafchant de la luy ofter injuftement.

## LXIV.

L'Envie corrompt la fortune, de méme que le ver ronge & gafte le bois. Ce n'eft pas, à dire le vrai, qu'il

qu'il ne foit toûjours meilleur d'eftre
l'envié, que l'envieux ; celui-ci ne
fçauroit éviter l'infamie qui eft infé-
parable de ce vice ; au lieu que celui-
là ne fe trouve que dans un peril honorable , & où il y a de la gloire à
acquerir.

## LXV.

L'Homme ne fçauroit avoir d'ennemi plus redoutable qu'un autre homme ; & fi l'envie a fait couler
fon venin dans le cœur de cet ennemi, il n'y a pas de contrepoifon affés
fort pour en empécher l'effet. La
feule jaloufie caufe plus de defordres,
& produit plus d'inimitiez, que tous
les outrages qu'on peut recevoir des
ennemis les plus irreconciliables.
L'envie ne fe trouve jamais dans cette
exacte juftefse que nous appellons
mediocrité ; elle eft toûjours fort
pernicieufe, hormis quand elle a la
vertu

vertu pour objet , car alors elle est
trés-excellente.

## LXVI.

IL faut ajoûter peu de foi à ce que
dit un homme passionné ; celui
que l'on sçait estre vraiment des-
interessé , merite beaucoup de crean-
ce , mais il n'en faut donner aucune à
l'envieux.

## LXVII.

UN gain illicite, & qui n'est pas
venu par les belles voyes, cause
plus de dommage , que des pertes
réelles de quelque façon qu'elles arrivent; on n'est vivement touché de
celles-ci, qu'une fois , mais le souvenir du premier ne s'efface jamais
de l'esprit, & est une source conti-
nuelle de déplaisirs.

## LXVIII.

## LXVIII.

NE contez jamais pour un gain, ce qui vous enrichit davantage, mais seulement ce qui vous apporte quelque éclat; faites aussi plus d'état de l'accroissement de vostre reputation, que de l'augmentation de vos biens. Un homme qui devient riche aux dépens de son honneur, perd plus qu'on ne croit. Une belle reputation est un grand heritage.

## LXIX.

IL n'y a pas de sûreté dans le monde. Le méchant apprehende la rigueur des loix, l'homme de bien a sujet de craindre la bizarrerie & l'inconstance de la fortune. On est toûjours plus assûré, lors qu'on a médité long-temps ce qu'on devoit faire.

LXX. On

## LXX.

ON se tire plus promptement, & plus facilement des dangers aufquels on eft expofé ici bas, par de fages confeils, qu'avec de grandes forces. C'eft un plus grand mal de ne fçavoir pas bien vivre, que de ne pouvoir pas vivre. Il eft bien plus difficile d'arrefter la fortune, que de la rencontrer.

## LXXI.

TEnez voftre parole, & fatisfaites reguliérement à toutes vos promeffes; un homme n'a plus rien à perdre, lors qu'il a perdu fon credit, & qu'il paffe pour n'eftre pas feûr, ni fidéle. Il y a des gens qui font tellement accoûtumez à jurer, qu'on a peine à les croire, lors méme qu'ils affûrent la verité. Celui qui ne prend pas plaifir à écouter la verité, aime encore moins à la dire.

La

La flaterie eſt un mal extremement dangereux , mais qui pourtant aura toûjours ſon cours.

## LXXII.

A Joûter foi à tout ce qui ſe dit , & n'en vouloir rien croire , ſont deux extremitez qu'il faut éviter ; la premiere eſt un excés de bonté ou de complaiſance , mais il y a plus de ſûreté dans l'autre.

## LXXIII.

IL eſt évident qu'un homme n'aime guéres la verité , quand il fait lui-méme ce qu'il condamne dans les autres. C'eſt tromper à peu prés de la méme ſorte , que de ne pas faire ce qu'on dit , mais c'eſt ſe tromper ſoi-méme , de ne pas dire comme l'on penſe.

LXXIV.

## LXXIV.

Uelque mal qu'un autre vous ait fait, vous ne devez jamais le méprifer, ni le haïr; c'eft eftre foû, de vouloir pecher à caufe de la haine qu'on porte au pecheur. Vous pafferiez pour un homme fans jugement, fi vous vouliez ne pas conferver voftre innocence parce qu'un autre l'a perdüe. Il ne faut pas châtier un peché par un autre peché.

## LXXV.

SI vous n'eftes pas homme de bien, ayez du moins quelque bonté pour ceux qui vous reffemblent; Si vous avez ceffé d'eftre méchant, ne condamnez pas fi vifte ceux qui le font encore, & donnez leur un peu de temps pour fe pouvoir reconnoiftre.

## LXXVI.

## LXXVI.

QUand on juge avec precipita-
tion, on ne tarde guéres à s'en
repentir. Comme il est presque impossible de faire un rapport bien fide-
le d'une personne que l'on n'a veüe
qu'en courant ; nous ne sçaurions
aussi juger fort equitablement d'une
chose que nous n'avons examinée
que fort superficiellement.

## LXXVII.

VIvez en paix avec tous les hommes, soyez toûjours en guerre
avec les vices, & parfaitement d'accord avec vous-méme. Pour en venir là, il ne faut qu'ajuster vos paroles avec vos pensées, vos actions
avec vos paroles, & vos desirs avec
vos actions.

## LXXVIII.

## LXXVIII.

P Uis qu'il est impossible que les choses réüssissent toûjours comme nous le voudrions , il faut que nostre inclination s'accorde avec l'évenement , quel qu'il puisse estre. On s'épargne une infinité de soucis & de travaux, quand on sçait bien regler ses desirs. Il y a de l'imprudence à souhaiter avec trop d'ardeur ce qu'on n'a pas en sa puissance , ou ce qui est encore fort éloigné , & de negliger le present que l'on a dans ses mains.

## LXXIX.

S'Accommoder au temps, est une science fort belle , & qui méme n'est pas indigne d'un Roi. Je vous tiens le plus infortuné de tous les esclaves , si vous servez par force & contre vostre inclination ; au lieu qu'en servant de bon cœur & avec joye,

joye, vous relevez noblement voſtre
ſervitude.

## LXXX.

IL faut craindre davantage ſa con-
ſcience, que la renommée. Le
bonheur des plus heureux conſiſte à
mener une vie pure & innocente. Il
n'eſt point de plus belle loüange, que
de la meriter ; ce n'eſt rien de paroiſtre ce que l'on n'eſt pas ; mais il
importe ſur toutes choſes d'eſtre veritablement tel qu'on doit eſtre. Que
vous ſervira de recevoir mille loüanges des autres, ſi voſtre propre con-
ſcience vous fait voir que vous ne les
meritez pas ?

## LXXXI.

LEs magnifiques promeſſes me
ſont extremement ſuſpectes ; il y
a lieu de croire que celui qui les fait,
veut ſe moquer des autres, ou qu'il
s'engage mal à propos. Les choſes.

rares & fort extraordinaires doivent
eſtre pluſtoſt données que promiſes.
Faites de grandes choſes, & ne les
promettez pas.

## LXXXII.

ON donne deux fois, quand on
donne promptement. La vo-
lonté eſt ce qu'il y a de plus precieux
dans les preſens que l'on fait, elle
éclate encore davantage, quand on
ſe haſte d'offrir ce que l'on a en ſon
pouvoir. Il faut que les bons offices
ſurpaſſent les injures, & que les re-
mercimens aillent toûjours au delà
des bienfaits.

## LXXXIII.

C'Eſt un bonheur de pouvoir
eſtre repris quand on manque;
les plus heureux en ce monde ne l'ont
pas, & Iſocrate aſſûre qu'il ne ſe
trouve point dans la cour des Rois.
Les gens de mediocre condition ne
jouïſ-

joüiffent pas comme eux des plaifirs
de la vie, fe fouciant peu des delices,
pourveu qu'ils ayent dequoi vivre;
mais ils ont auffi cet avantage, qu'on
les avertit fans crainte, quand ils ne
font pas ce qu'ils doivent; outre que
les loix leur fervent de frein. Les
Princes font privez de ce bien,
car ils ne s'entretiennent familiére-
ment qu'avec trés-peu de perfonnes,
& ces perfonnes-là ne s'étudient qu'à
leur plaire.

## LXXXIV.

CElui qui eft établi pour commander aux autres, doit avoir
la douceur d'un pere, & non pas la
fierté d'un maiftre. Il n'y a point de
domination qui foit agréable, ceux
qui y font foûmis, la trouvent toûjours pefante, & extremement fâ-
cheufe ; c'eft pourquoi il faut l'ad-
doucir le plus qu'il eft poffible, & ne
faire jamais aucun commandement

qui ne soit accompagné de beaucoup
de bonté.

## LXXXV.

E'Coutez tout le monde, & faites
en suite ce qui vous semblera
estre le meilleur. Ne chargez jamais
de l'execution de vostre dessein, celui qui n'aura pas voulu l'approuver.
Il est honteux de faillir deux fois en
une méme chose, puisque l'on voit
que les animaux s'arrestent à la premiere, & font sur leurs gardes, afin
de ne pas tomber une seconde fois.

## LXXXVI.

TEnez pour suspect le conseil qui
s'accorde avec vostre desir, &
apprehendez en l'issüe. Vous passe-
rez pour n'avoir pas beaucoup de jugement, si vous poursuivez ce que
vous avez mal commencé, & l'on aura sujet de vous appeller inconstant,
si vous quittez vostre entreprise.

LXXXVII.

## LXXXVII.

DE tous les conseils que l'on peut suivre, le plus seur, est le meilleur; le plus prompt, celui qui est le plus à propos; le plus agreable, celui qui est le plus facile; le plus utile, celui qui a tout cela ensemble. Asclepiade avoit raison de dire ainsi que le rapporte l'admirable Celse, en loüant sa pensée, *que la souveraine habileté d'un Medecin consiste à guérir son malade sûrement, en peu de temps, & agreablement.*

## LXXXVIII.

NE soyez pas trop attaché à vos sentimens. Si vous les defendez avec opiniastreté, la pluspart des gens afin de s'accommoder à vostre humeur, & pour ne vous point fâcher, vous laisseront dans l'erreur, & n'oseront pas vous reprendre.

C 3　　LXXXXIX.

## LXXXIX.

SOlon ce fameux legiſlateur, ne veut pas qu'on demeure neutre dans la diviſion d'un eſtat ; cependant lorſque deux hommes d'authorité ſont oppoſez, & ſe font la guerre, il n'y a, ce me ſemble, pas trop de ſûreté de s'engager ouvertement, & de prendre parti. Car ces deux hommes venant à ſe reconcilier, ainſi qu'il arrive d'ordinaire, on ſe trouvera dans le plus étrange embarras du monde. Parce que l'un oubliera le ſervice qu'on lui aura rendu, & l'autre ne perdra jamais le ſouvenir de l'affront qu'il croit lui avoir eſté fait par celui qui a abandonné ſes intereſts. Il eſt pourtant à remarquer que ceux qui ne prennent aucun parti dans une émotion populaire, ſont ſemblables aux chauveſouris que les oiſeaux piquent, & que les ſouris mordent ; ces gens-là ſont en grand

peril,

peril, n'ayant rien ofé hazarder. Ce n'eft pas qu'il n'y ait beaucoup de peril, à fe vouloir dégager du peril. L'affliction d'un homme de bien, eft un mal accompagné de bonheur. Quelque faveur que l'on reçoive de la fortune, on ne laiffe pas de s'en plaindre.

## XC.

LA cruauté fait volontiers compagnie à la deshonnefteté, & on peut dire de celui qui fe plonge dans les voluptez, qu'il eft efclave de fes paffions, qu'il vit en befte, & qu'il n'a prefque plus rien de l'homme.

## XCI.

ON ne fçauroit mieux definir la propreté & la magnificence des habits, qu'en la nommant la fufcription de la legereté & de l'orgueil. C'eft avoir bien peu de jugement, que de faire beaucoup de dépenfe



pour

pour avoir la reputation d'un homme vain & ambitieux, & de se faire
gueux, afin d'estre estimé riche.

## XCII.

L'Ambition est sujette à deux
grandes maladies, elle est toûjours fort odieuse, & elle n'a d'ordinaire qu'une issüe trés-funeste. On
ne voit guéres réüssir un homme qui
a la temerité de vouloir s'élever au
dessus de son maistre.

## XCIII.

LEs choses rares & singulieres
n'apportent aucun profit à ceux
qui les possedent, & il est bien difficile de conserver long-temps ce qui
plaist à tout le monde.

## XCIV.

IL ne faut pas tant attribüer le ren-
versement & la destruction d'un
Empire, à la multitude des crimes,
qu'à

qu'à leur impunité. On ne doit attendre qu'une horrible confufion de toutes chofes, lors qu'il eft permis de tout faire, & que la juftice eft méprifée. Enfin le mal eft fans remede, quand les Juges & les Magiftrats, au lieu de punir feverement les coupables, fe rendent eux-mémes complices de leurs crimes.

## XCV.

IL y a moins de danger d'eftre extraordinairement fevere, qu'indulgent jufqu'à l'excés, & un traitement rigoureux & plein de dureté, n'eft pas fi préjudiciable à l'eftat, que la derniere licence, & le débordement. Si les juges font lâches & negligens à punir les crimes, Dieu levera infailliblement le bras pour châtier le peuple, & les juges tout enfemble. On fait un tort extreme aux gens de bien, quand on pardonne aux coupables. Rien n'approche de plus

C 5      prés

prés de la perfection de la justice,
que la severité.

## XCVI.

SE soûmettre à toutes les loix, &
respecter ceux que Dieu a établis
pour les faire observer , c'est la plus
forte protection d'une Monarchie,
& la meilleure caution que les peu-
ples puissent avoir de leur sûreté. Le
mépris des juges & de ceux qui gou-
vernent, est toûjours fatal à la Re-
publique ; lors qu'on a perdu le respect pour eux, on ne se met plus en
peine des loix.

## XCVII.

QUand dans un estat on n'éleve
aux charges que ceux qui sont
les plus riches, & qui en offrent un
plus grand prix, il ne sçauroit sub-
sister long-temps. Ces personnes-là
ne feront aucune difficulté de le ren-
verser pour de l'argent. Si l'on fait

un

un commerce & un trafic des charges
& des emplois honorables, les gens
de merite en feront le plus fouvent
exclus, & les riches feulement y au-
ront part; de forte que pour avoir
de l'argent, on apprendra à commettre mille injuftices, & quand enfuite
on fe fera rendu habile en cette dan-
gereufe fcience, & qu'on aura la puiffance en main, on méprifera hardi-
ment tous les devoirs de la juftice.

## XCVIII.

LE vulgaire ne fçait ce que c'eft
que de milieu, il va toûjours à
l'une des deux extremitez; quand il
méprife une chofe, il la met toûjours
plus bas qu'il ne faut; quand il la
loüe, c'eft avec un excés qui n'eft pas
fupportable.

## XCIX.

ENcore qu'il n'y ait rien de plus
chancelant que l'affection du
 peuple,

peuple, il faut confeſſer neanmoins qu'il n'y a rien de ſi puiſſant, car l'on voit toûjours que le plus grand nombre l'emporte ; & à dire les choſes comme elles ſont, la plus-part du monde tourne de ce coſté-là. Il eſt rare de trouver un homme qui veüille écouter la raiſon, quand preſque tout le monde la rebutte. Qui peut reſiſter à la multitude ? c'eſt une riviere qui s'eſtant débordée, entraîne avec violence tout ce qui s'oppoſe à ſon paſſage. Quand le peuple agit ſans paſſion, on peut dire que ſa voix eſt la voix de Dieu ; quand la paſſion le gouverne, c'eſt la voix du Diable. Il en eſt peu que la paſſion ne faſſe quelquefois ſortir hors des bornes de la raiſon ; mais il eſt encore plus extraordinaire de trouver un homme qui ſoit concerté en toutes ſes actions, & qui ne faſſe jamais une fauſſe démarche.

PEN-

# PENSÉES MORALES.

## I.

Ous avons esté créez pour estre heureux ; cependant nous sommes si malheureux que de ne pas connoître nostre bonheur , ou si nous le connoissons , nous ne l'estimons pas assez. Comment voulez-vous qu'un homme prenne le bon chemin , lors qu'il ignore le lieu où il doit aller ? la felicité est un bien qui nous est propre , & ceux-là se trompent qui la regardent comme une chose étrangere , & à laquelle ils n'ont nul droit. Il y a des gens dont la conduite est fort irréguliere , car ayant dans leur propre maison tout ce qu'il faut pour vivre doucement & heureusement en ce monde , ils



n'y

n'y font feulement pas reflexion, &
vont chercher bien loin, & avec des
fatigues incroyables, ce qu'ils ont
chez eux.

## II.

JE ne voudrois pas qu'on mift de
la difference entre le parfait & folide bonheur, & la vertu; fi quelqu'un neanmoins s'opiniaftroit à
foûtenir que ce n'eft pas une méme
chofe, il ne poura nier que l'une ne
fçauroit fubfifter fans l'autre. Il faudra du moins qu'il avoüe que la vertu
eft comme l'inftrument de la felicité
dont les hommes peuvent joüir durant le cours de cette vie mortelle.
On ne peut nier que la felicité ne foit
un bien. Or quel plus grand bien
que celuy d'eftre vertueux ? S'il eft
jufte & raifonnable de defirer les
chofes que tout le monde eftime
bonnes & avantageufes, ne le fe-
ra-t-il pas auffi de travailler fortement

tement pour devenir homme de
bien ?

### III.

LA vertu eſt ſi excellente, & ſi
pretieuſe d'elle-méme, qu'elle
ne veut point d'autres avantages que
ceux qu'elle poſſede. Elle a dequoy
ſe payer de ſes fatigues & de ſes peines; la plus digne & la plus haute recompenſe d'une belle action, c'eſt
la gloire de l'avoir faite. La bonté a
des charmes ſi doux & ſi engageans
que les plus vicieux ne ſçauroient
s'empeſcher de l'aimer. En effet
nous voyons que dans leurs plus
grands deſordres, ils adorent ſon
image, encore qu'elle n'ait pas un
trait qui ne ſoit faux, car ſi on les en
veut croire, ils recherchent le bien,
& ce qui leur ſemble le meilleur.

IV. Le

## IV.

LE bien a toûjours cet avantage, qu'eſtant fait pour luy-méme, il ne perd rien de ſa bonté. Le mal tout au contraire, ne change point de nature, encore qu'on le faſſe pour un plus grand bien, & il conſerve toute ſa malice, lors méme qu'on s'y porte comme à la choſe qui paroiſt eſtre la meilleure & la plus avanta-geuſe.

## V.

IL n'eſt pas difficile de contrefaire la vertu, le vice emprunte d'ordi-naire ſon nom, ſes traits, & tous ſes dehors. Enfin ce n'eſt pas l'action, mais l'intention qui met de la diffe-rence entre l'un & l'autre.

## VI.

ON ne ſçauroit nier que la vertu ne renferme beaucoup de gran-deur,

deur, puisque c'est elle, à proprement parler, qui fait les grands; &
Zenon a eu raison de dire qu'un
homme qui est grand & élevé dans
le monde, ne devient pas pour cela
incontinent vertueux, mais que dés
le moment qu'il a de la vertu, il est
grand de la veritable grandeur.
Quoy qu'il puisse arriver, la fortune
sera toûjours contrainte de ceder à
la vertu. On ne cesse point de vivre,
quand on meurt pour la defense de
la vertu.

## VII.

LA vertu éleve un homme fort
au dessus de lui-méme; le vice
le ravale, & le rend moins qu'homme. Ce n'est pas seulement la bien-
seance, mais encore la necessité qui
nous oblige d'aimer la vertu, si nous
desirons de conserver les avantages
que la Nature nous a faits. Celui qui
avec la raison s'éloigne de cette ravis-
sante

fante lumiere, n'eſt pas ſeulement
déraiſonnable, mais il ſe ravale encore au deſſous de la condition des
beſtes.

## VIII.

N'Appellez jamais bien, que ce
qui peut rendre les gens bons &
vertueux. Quand tout le monde
s'empreſſeroit pour vous rendre les
plus grands honneurs, quand vous
poſſederiez toutes les richeſſes de la
terre, quand voſtre ſanté ſeroit parfaite & inalterable, on ne pourra jamais dire que vous eſtes bon, ſi vous
n'avez effectivement de la vertu. Il
importe peu que toutes choſes vous
manquent, ſi vous avez de la vertu;
on ne ſçauroit vous priver de la qualité d'homme de bien, de toutes
celles qu'on peut poſſeder en ce monde c'eſt la plus noble, la plus glorieuſe
& la plus excellente.

IX. Il

## IX.

IL n'y a que de la tromperie dans les richesses, les honneurs s'évanoüissent, la fortune précipite ordinairement ceux qu'elle a le plus careffez; ne regardez donc point comme un bien, ce qui peut vous faire tant de mal, & ce qui ne fçauroit vous rendre plus homme de bien. La vertu ne nuit à perfonne, elle eft utile à toutes fortes de gens, & encore qu'elle foit feule, elle vaut mieux que tout le refte enfemble.

## X.

LEs plus éclairez d'entre les Philofophes ont crû ne pouvoir pas definir plus exactement le bien, qu'en difant que c'eft une fource admirablement pure, d'où les hommes retirent un million d'utilitez. C'eft encore, afin d'ajoûter quelque chofe à cette penfée, un canal trés-pre-
tieux

tieux qui a la vertu pour sa source, ou qui l'amene jusqu'à nous. Sans elle nul ne peut estre heureux icy bas, & c'est elle aussi qui nous rend heureux aprés nostre mort : elle n'est pas seulement utile à l'ame, elle sert encore extremement au corps, & l'on s'en trouve bien en cette vie, & en l'autre.

## XI.

E'Loignez-vous entierement du vice, & n'imitez pas ces personnes lâches à qui il arrive si souvent de dire, en verité c'est tout ce que je puis faire, & mes forces ne me permettent pas d'aller plus loin. Il vaudroit autant dire, je puis, mais je ne veux pas acquerir la vertu, que de protester, comme l'on fait ordinairement, je voudrois bien, mais il n'est pas en mon pouvoir d'eviter ce desordre, ni de me défaire de ce vice.

XII. La

## XII.

LA terre est aussi éloignée du ciel, que le ciel l'est de la terre, il y a une égale distance de l'une de ces extremitez à l'autre, & on ne peut remarquer d'inégalité qu'entre la vertu & les vices. De vray, il y a moins de chemin à faire, pour arriver de la vertu jusqu'au vice, que du vice jusqu'à la vertu.

## XIII.

LA vertu estant la plus noble & la plus avantageuse de toutes les qualitez, elle a droit de demander le rang le plus honorable, c'est pour cela qu'on la voit toûjours dans le milieu ; la discretion a soin de luy assigner sa place, & elle ajuste si bien les choses, qu'elles n'ont rien de trop, & que jamais aussi rien ne leur manque pour leur perfection.

XIV. Le

## XIV.

LE vice se loge toûjours auprés de la vertu, il ne faut donc pas estre surpris, de ce qu'assez souvent cherchant celle-cy, on rencontre celui-là. Soyez donc sur vos gardes, afin de n'estre pas trompé. Il est encore à remarquer qu'il y a des hommes en peinture, & des hommes réels & veritables, c'est à dire, pour parler clairement & sans énigme, qu'on trouve des vertus solides, & d'autres qui n'en ont que l'apparence. La vertu déguisée est un étrange monstre. Sçachez qu'une action bonne d'elle-méme, faite sans discretion, & avec une intention mauvaise, n'a que le dehors & l'écorce de la vertu; mais elle a effectivement toute la laideur du vice.

XV. Je

## XV.

IE voudrois bien que vous ne vous contentassiez pas des veritables vertus, dautant que parmi celles-là, il en est qu'on nomme simples, & d'autres qu'on appelle solides. Les premieres font, à dire le vray, extrememement foibles & de peu de durée; les autres font fortes, & resistent à tout. J'avoüe qu'un petit lion est autant lion, qu'un plus grand, il y a neanmoins beaucoup de difference entre l'un & l'autre. Une vertu forte & heroïque est toûjours accompagnée de plusieurs autres vertus; une vertu foible ne laisse pas d'estre vertu, mais parce qu'elle est foible, les autres vertus ne luy font pas compagnie.

## XVI.

SErvez-vous de la raison, comme les lions se servent de leurs ongles,

les

les cerfs de leurs pieds, & les hérons
de leurs aifles, pour conferver leur
vie, & pour fe defendre contre ceux
qui les attaquent. Il n'y a point d'a-
nimal fi petit & fi méprifable, à qui
la Nature n'ait donné des armes pour
fa defenfe ; mais en donnant la raifon
à l'homme, elle l'a confideré davantage, & plus fenfiblement obligé
que tout le refte des creatures enfemble.

## XVII.

UN lion ne fçauroit vivre long-
temps fans fes armes, qui font
fes pieds de devant ; un fanglier à qui
on auroit arraché ou limé fes defen-
fes, ne fe pourroit guéres defendre.
De méme auffi un homme qui n'agit
plus par le mouvement de la raifon,
ne fçauroit aller bien loin fans tomber dans quelque grand defordre.
Pythagore a fort bien remarqué que
la prudence a efté donnée à l'homme,

me, au lieu de forterefles, de murailles, & de rampars.

## XVIII.

IL n'y a point de vice plus dangereux, que celui qui reprefente
mieux la vertu; on ne fonge pourtant
pas à l'éviter, parce qu'il eft déguifé.
C'en eft auffi un fort grand, joint à
une extreme folie, de fe charger de la
faute d'un autre, afin de le faire paffer pour innocent du crime dont il eft
coupable. Celuy qui authorife une
faute, eft plus coupable que celuy
qui la commet, car enfin il peut y
avoir de la foibleffe dans l'un, mais
on ne fçauroit exempter l'autre de
malice.

## XIX.

POur donner une jufte idée de la
raifon dont il a pleu à l'autheur
de la nature d'éclairer les hommes, il
faut dire, ce me femble, que le bon



ufage

uſage qu'on en fait, donne la naiſſan-
ce, la beauté, & la perfection à toutes les vertus, & qu'il n'y a des vices,
que parce qu'on en abuſe. Peut-on
imaginer un plus grand abus de la raiſon, que de s'en ſervir contre elle-
méme ? Je ſçai qu'il n'y a que du
deſordre, & beaucoup de confuſion
parmy les vices, mais je ſçai auſſi
qu'ils s'accordent en ce point, qu'ils
ſont toûjours contraires à la raiſon, &
qu'ils travaillent de concert à la ruine
de celui qui veut bien s'en rendre l'eſclave. Quelle honte pour un homme, de n'employer les lumieres de
ſon eſprit que pour s'abbaiſſer à la
condition des animaux ?

## XX.

R Ien n'eſt ſi honteux à un homme engagé dans le vice, que
d'obeïr en eſclave à ſes paſſions, & ſon
plus grand ſupplice, eſt de ne pouvoir pas executer ſes deſſeins; car ou

il manque de hardieſſe pour entreprendre ce qu'il ſouhaite, ou s'il l'entreprend, il perd ſa peine, & ne rencontre que beaucoup de ſoucis & de
travaux; ainſi il eſt cruellement geſné
par ſes propres deſirs; l'eſperance d'un
plaiſir de peu de durée le fait ſouffrir
long-temps. Enfin c'eſt bien acheter un peu de douceur, que de l'aller chercher avec beaucoup de danger au milieu d'un fleuve d'amer-
tumes.

## XXI.

L'Intereſt ſe joint à tous les vices,
mais le profit ne s'y rencontre
pas toûjours. On ne recherche point
le vice pour lui-méme, c'eſt uniquement
l'intereſt qui engage les gens à
le pourſuivre. En effet les hommes
ſe laiſſent aiſément corrompre par
l'orgueil à cauſe de l'honneur ; par
l'avarice à cauſe des richeſſes ; & par
la ſenſualité à cauſe du plaiſir. Il n'eſt

point de vice qui ne semble promettre quelque bien, & dont les hommes n'attendent beaucoup de satisfaction ; ils se trompent pourtant, car il n'en peut venir que de grands maux.

## XXII.

IL faut éviter le mal, & s'éloigner du vice par aversion, & non pas seulement par la crainte. Je souffrirai bien qu'on appelle timide celui qui fuit le mal sans en avoir une extreme horreur, mais je ne l'estimerai jamais pour cela juste ni vertueux. C'est peu de dire qu'il y a du danger de devenir méchant, il faut ajoûter qu'on n'en vient point jusques-là sans beaucoup de dommage. Quiconque vit mal, fait une perte réelle & trés-considerable, & il ne doit pas seulement craindre le peril où il s'engage, mais s'il a du sens, il doit sans cesse trembler, parce que sa ruine est

inévi-

ínévitable , s'il écoute ſes paſſions.

## XXIII.

LEs vices peuvent bien en quelque façon occuper noſtre vie,
mais ils ne ſont pas dignes de l'employer ; de ſorte que pour definir
exactement la vie des libertins , il faut
dire que ce n'eſt qu'un phantôme de
vie. Quand on vit mal , on n'a que
l'embarras , le travail , & la peine de
la vie , mais on n'en a pas le veritable uſage. L'oiſiveté n'eſt rien autre
choſe que la perte de la vie , & ſa
ruine entiere vient des méchantes
actions auſquelles on ſe laiſſe aller. Il
y a une trés-grande difference entre
durer , & vivre. On peut bien dire
d'un homme qui a vieilli dans le crime , qu'il a duré long-temps; mais
on ne devroit pas dire qu'il a beaucoup veſcu. Il faudroit parler tout
autrement d'un jeune homme plein

D 3                    d'hon-

d'honneur, de merite, & de vertu
que la mort auroit enlevé à la fleur
de son âge ; car encore qu'il n'ait duré que fort peu, sa vie n'a pas laif-
sé d'estre longue, puis qu'elle a esté
belle.

## XXIV.

IL ne sert de rien à un méchant
homme d'avoir caché son crime ;
il peut à la verité en oster durant
quelque temps la connoissance aux
autres, mais quelle assûrance a-t-il
que ce secret ne sera jamais décou-
vert ? Je dis plus, il importe peu que
les hommes ignorent le mal que nous
avons fait, puisque nous en sommes
nous-mémes convaincus,& que Dieu
le sçait, c'est pourquoy si nous sommes en repos d'un costé, de l'autre
nous devons trembler. On peut bien
quelquefois en cet état se garantir des
malheurs & des dangers qui nous menacent, toutefois il n'est pas possible

ble de s'exempter de mille frayeurs,
& de ne souffrir pas de grandes
pertes.

## XXV.

ON est en plus grand danger
qu'on ne l'imagine, lors qu'on
mene une vie déreglée. Un méchant homme n'est jamais en assûrance ; ce n'est rien pour lui, que
tout le monde lui pardonne, puisque
sa conscience ne le laisse point en repos, & qu'il trouve toûjours chez
lui sa peine & son supplice. C'est un
effroyable châtiment pour un homme vicieux, que de connoître qu'il
a mal vêcu.

## XXVI.

AYez encore plus de soin de vô-
tre conscience, que de vostre
reputation. Il importe extremement
d'avoir de la vertu, & ce n'est presque rien d'en avoir seulement dans
D 4

l'opi-

l'opinion des hommes. On ne doit
s'eſtimer que ce que l'on eſt en effet ;
& ce n'eſt pas bien juger de ſoy-méme, que de s'en rapporter à ce que
diſent les gens qui ne nous connoiſ-
ſent que fort ſuperficiellement.

## XXVII.

DEs plaiſirs du corps naiſſent les
infirmitez & les maladies de
l'eſprit. Quand on careſſe trop ſa
chair, l'ame perd ſa vigueur, mais ſi
l'on vient à en faire une coûtume,
on n'aura pas ſeulement la force
d'entreprendre ce qui au commencement ſembloit trés-facile, & ce
qu'on vouloit de bonne foy. Quiconque ſe plonge dans les delices, ne
ſçauroit avoir une ame belle, noble
& courageuſe.

## XXVIII.

QUand le plaiſir paſſe ſes bornes,
il devient un tourment & un
ſup-

ſupplice. Il faut bien dire que la vertu renferme en ſoy de grandes utilitez, puiſque le vice méme eſt contraint de l’imiter pour arriver à ſa fin.
En effet, il s’étudie de la contrefaire en gardant de certaines meſures,
& en s’éloignant, au moins en apparence, des extremitez qui paſſent
toûjours pour un excés & pour un
déreglement.

## XXIX.

U N lion perd ſa fierté, & devient traittable à meſure qu’on
le flatte; mais les careſſes que vous
faites à voſtre corps ne ſervent qu’à
le rendre plus inſolent & plus opi-
niâtre. Ne mangez point pour contenter voſtre appetit, mais ſeulement pour vous delivrer de la faim
qui vous tourmente. Ne vivez pas
afin de manger, mangez afin de conſerver voſtre vie. En mangeant peu,
vous vivrez long-temps. Les excés

D 5

de

de bouche ont fait mourir plus de gens que le tranchant de l'espée.

## XXX.

LEs vices ne peuvent causer que du dégoust, & quoy que l'on die, on n'en sçauroit jamais retirer d'utilité. Rien n'est plus nuisible au corps, que le trop grand soin, & l'amour déreglé qu'on a pour lui. Nous voyons en effet que la bonne chere & les autres plaisirs qui flattent les sens, affoiblissent le corps, consument le bien, ruinent la santé, & condamnent ceux qui les recherchent avec trop d'ardeur, à une infinité de soucis, de peines & de travaux.

## XXXI.

ON peut definir la sensualité, un doux & agreable commencement d'une fin trés-amere & trés-funeste. Le vice ne sçauroit se rendre

invi-

invisible à lui-méme ; de sorte
qu'ayant honte de sa propre laideur,
il cherche les tenebres , & se cache
autant qu'il luy est possible. Cependant le hazard qui est inseparable de
la fortune, lui est encore plus favorable que l'obscurité de la nuit la plus
sombre.

## XXXII.

UN homme addonné au plai-
sir, deshonnore son corps, &
le trop grand soin qu'il a de le contenter, devient pour lui une source
de chagrins, d'ennuis, & de maladies. Flatter son corps , caresser sa
chair, s'abandonner au plaisir, c'est
donner de la hardiesse, & fournir des
armes à son ennemi.

## XXXIII.

LA vie d'un impudique, est une
vie de beste ; celle d'un homme
sujet à sa bouche, peut estre juste-
D 6 ment

ment comparée à la vie qu'on attri-
büe aux plantes, dont toute l'habileté confiste à chercher la nourriture
qui leur eft propre.

## XXXIV.

L'Orgueil n'eft autre chofe qu'u-
ne pompeufe marque de folie,
car dites moi, je vous fupplie, s'il
peut y avoir rien de plus extravagant,
que de vouloir s'enrichir d'un bien
qui eft purement étranger ? Je ne
ferois, ce me femble, point de tort
à un homme de l'appeller foû, s'il
vouloit qu'on l'eftimaft plus que les
autres, parce qu'il eft mieux veftu,
ou qu'il a dans fon cabinet beaucoup
de raretez. Le merite des gens ne
doit jamais dependre d'un habile
tailleur, ni d'un excellent orfévre,
il en faut juger par la vertu & par les
belles actions.

XXXV.

## XXXV.

VOus n'excuseriez pas de folie celui qui pour s'échauffer, se rouleroit dans un grand amas de neige. Or un homme vain & presomptueux n'est guéres moins foû, car afin de parvenir à son but, il choisit des moyens qui l'en éloignent absolument. Parce qu'il a une haute estime de son merite & de sa vertu, il veut que tout le monde en fasse le même jugement, ne considerant pas qu'avec les qualitez les plus éclatantes, on se rend méprisable, dés que l'on songe à l'emporter sur les autres.

## XXXVI.

LEs autres vices se cachent d'ordinaire, & cherchent les tenebres ; il n'y a que l'orgueil qui aime le grand jour, & il a cette folie, de vouloir toûjours paroître, comme si tout ce qu'il y a dans le monde



estoit

estoit fort au dessous de lui, c'est pourtant celuy de tous les vices qui me semble le plus horrible.

## XXXVII.

JE ne trouve point qu'il y ait de sottise pareille à celle d'un homme vain & plein d'estime de lui-méme; car tout ce qu'il pense, & tout ce qu'il fait, ne sert de rien à son corps, & nuit extraordinairement à son ame. On ne gagne rien à estre glorieux, sinon qu'on s'attire la haine des gens, voila quel est le fruit de l'orgueil.

## XXXVIII.

TOut ce que nous voyons ici bas, a de l'amour pour ce qui lui ressemble, il n'y a que l'homme vain & glorieux qui n'a pas moins d'aversion pour son semblable, que pour la mort méme; de sorte que comme la ressemblance fait naistre l'amour, un homme qui suit le mouvement de l'orl'orgueil, s'oppose à la nature. L'orgueil est une beste cruelle, ennemie de la societé, & qui ne se plaist que dans la solitude. Ce vice est insupportable dans les personnes riches, & tout à fait abominable dans les pauvres. Quand l'orgueil s'attache à un homme riche, il le rend sot. Quand il se rend maistre de l'esprit d'un pauvre, il luy oste le sens & la raison.

## XXXIX.

CE que je vais dire est un peu surprenant, mais il s'en faut servir contre les desordres & les maux que cause l'orgueil. C'est que ce vice est si detestable, qu'estant mis en paralléle avec le peché, il nous fait trouver de l'utilité dans le peché méme; en effet, il est quelquefois avantageux à un homme plein d'orgueil, de tomber dans une faute lourde & humiliante, afin de se pouvoir dégager de cette mortelle enfleûre.

XL. II

## XL.

IL faut se rendre digne des charges honorables, mais on ne doit pas les rechercher; il y a plus de gloire à les meriter sans les obtenir, qu'à les obtenir sans les avoir meritées. C'est une haute impudence de poursuivre un illustre emploi avec beaucoup d'ardeur, quand on est convaincu qu'on n'est pas digne de l'exercer, mais c'est la derniere infamie, que de se servir de moyens injustes pour y parvenir. Un homme qui s'éleve par des bassesses, tombe pluftost, qu'il ne monte.

## XLI.

DIeu est autheur de tout le bien qui se fait dans le monde, & le mal ne peut venir que de vous seul. Quel sujet avez-vous donc de vous tant glorifier? est-ce du mal que vous avez fait? il n'y a que de la honte &

de

de l'infamie. Est-ce du bien ? mais
considerez que c'est une chose purement étrangere , & qui a sa source
autrepart que dans vous. J'aimerois
bien mieux vous voir dans le déreglement avec un humble & sincere repentir, que vertueux avec une satisfaction accompagnée d'orgueil.

## XLII.

L'Ambition s'égare, voulant prendre le chemin qui conduit au veritable honneur , on n'y arrive point
par les grandes charges , ni par les autres routes éclatantes que la fortune
marque d'ordinaire aux ambitieux,
mais seulement en suivant les traces
de la vertu. Ainsi un homme s'éloigne avec toutes ses belles pretensions ,
de ce qu'il desire avec tant d'ardeur.
Comment recevroit-il du vice, ce qui
n'est que dans la disposition de la vertu , & ce qu'elle n'accorde jamais
qu'au merite ?

XLIII.

## XLIII.

DEfiez-vous de la colere, parce qu'elle tafchera de vous faire approuver une méchante refolution, comme fi c'eftoit le meilleur confeil du monde. Je dis bien davantage, en vous portant à faire du mal aux autres, elle vous contraint de vous en faire à vous-méme. Combien avons-nous veû de gens qu'on a bannis, parce qu'ils n'ont pas fceû diffimuler, ni fouffrir une parole qui les choquoit ?

## XLIV.

RIen n'eft fi contraire au bon confeil, que l'emportement & la colere, c'eft pourquoi un homme qui eft fujet à fe fâcher, a, ce me femble, une plus étroite obligation de confulter la prudence, & de demander confeil avant que de parler. Ne m'avoüerez-vous pas qu'il faut avoir

de

de puiſſantes raiſons pour ſe laiſſer
oſter le jugement ? ſans mentir, je
crois qu'il faut avoir auſſi peu de raiſon, pour ſe laiſſer aller aux mouvemens impetueux de la colere , que
pour s'enyvrer.

## XLV.

IL eſt toûjours plus ſeur de pardonner à ſon ennemi, que d'en tirer vengeance , & il n'y a pas plus de
difficulté.  Vous pouvez pardonner
l'injure que vous avez receüe , ſans
eſtre méme obligé de faire un pas,
au lieu qu'il en faudra faire pluſieurs,
& eſſuyer mille dangers avant que
de pouvoir contenter voſtre paſſion.

## XLVI.

ON ne doit point attendre de
réponſe d'un mort, ni de veritable reconnoiſſance d'un avare. La
paſſion qu'il a de recevoir , lui fait
perdre le ſouvenir de ce qu'il a receu.

Quand

Quand il luy faut recevoir, les chofes les plus grandes luy paroiſſent fort
petites; mais lors qu'il eſt obligé de
donner, les moindres choſes luy ſem-
blent trés-conſiderables & infiniment pretieuſes.

## XLVII.

N'Ouvrez point voſtre ame à l'a-
varice, à moins que de vouloir
eſtre chagrin & miſerable tandis que
les autres ſe réjoüiront. Si vous
écoutez cette maudite paſſion, elle
vous fera ſouffrir toutes les incommoditez de la pauvreté au milieu de
voſtre or & de voſtre argent, &
vous ne ferez que languir, au lieu de
vivre. La condition d'un avare eſt ſi
malheureuſe, que le plus grand mal
qu'on luy puiſſe ſouhaiter, c'eſt qu'il
vive long-temps.


## XLVIII.

## XLVIII.

IL y a bien des choses qui manquent aux personnes riches, mais
on peut dire, que tout manque ge-
neralement à un avare; il est méme
si infortuné, que ce qu'il a entre ses
mains, luy manque aussi-bien que
ce qu'il n'a pas, & peut-estre encore davantage, car il ne reçoit pas la
moindre satisfaction de ce qu'il possede, au lieu qu'il peut trouver quelque douceur à desirer ce qu'il n'a pas
encore. Il ne cueille pas le fruit des
biens qu'il a chez luy, & il n'a tout
au plus que la veüe & l'odeur des
fleurs qu'il souhaite.

## XLIX.

IL y a une trés-grande difference
entre deux hommes dont l'un
craint la pauvreté, & l'autre desire
avec trop de passion les richesses; on
ne voit pas volontiers le premier,
mais

mais on évite l'autre tant qu'on peut,
& on a même une furieuſe averſion
pour luy. La neceſſité donne de la
hardieſſe à celui-là, & luy fait concevoir des deſſeins épouventables;
mais l'avarice qui eſt une paſſion baſ-
ſe & infame, rend celui-ci mépriſa-
ble à toutes ſortes de perſonnes, parce
qu'il ne fait du bien qu'à ſes heritiers, encore eſt-ce contre ſon intention.

## L.

L'Attachement qu'un avare a
pour les biens de ce monde, luy
eſt auſſi préjudiciable qu'une incendie, ou un naufrage. En effet ſon
bien ne luy ſert en aucune maniére,
& il vaudroit autant pour luy que ſes
threſors euſſent eſté conſumez par le
feu, ou engloutis dans la mer. L'or
dont ſes coffres ſont remplis, n'eſt-
il pas abſolument perdu pour luy?
Il me ſemble en un mot qu'on peut

dire

dire d'un avare qui poſſede de grands threſors, que c'eſt une pauvreté fort richement meublée.

## L I.

UN homme avare n'eſt utile à qui que ce ſoit, il ſe fait beaucoup de mal à lui-même, il ne donne rien aux autres, & il s'oſte neanmoins tout ce qu'il peut, ſe rendant le plus malheureux de tous les hommes. Enfin il eſt reduit à cette extremité, qu'il ne ſçauroit faire du bien qu'en ceſſant de vivre, & c'eſt alors que ſes heritiers ſe moquent de luy en pleurant, & couvrent une veritable joye ſous une triſteſſe apparente.

## L II.

JAmais un avare ne manque de raiſon pour refuſer, au lieu qu'un homme vraîment liberal en a toûjours pour donner, lors même qu'on

ne

ne luy demande rien. Le premier ne
joüit pas des richesses qu'il possede;
L'autre ne perd pas son bien, lors méme qu'il s'en dépoüille en faveur de
ses amis. L'un est esclave de ce qu'il
possede, mais l'autre par un effet surprenant de la liberalité, est encore le
maistre du bien qu'il a donné.

## LIII.

IL faut ou qu'un homme com-
mande à l'argent, ou que l'argent
soit son maistre, & il n'y a point de
milieu entre ces deux extremitez.
Les richesses abusent de celui qui
ne sçait pas s'en servir comme il
doit.

## LIV.

L'Envie a cela de mauvais, qu'elle
se réjoüit du mal & de la ruine
des autres, sans en retirer pour soi la
moindre utilité, ainsi ce n'est pas
tant une passion qu'une fureur,
quand

quand elle fait, comme il luy arrive
d'ordinaire, sa peine & son supplice
de la joye & du contentement des autres. O! que ceux-là sont malheureux, qui se laissent gouverner par
cette honteuse passion, & qu'ils sont
à plaindre, puisque les maux réels ne
les tourmentent pas seulement, mais
aussi tout ce qu'ils découvrent de bon
& d'avantageux dans les autres. Les
maux de cette vie ne suffisent que
trop pour rendre un homme malheureux, mais l'envie l'afflige doublement, se servant du bonheur des
autres afin de le tourmenter.

## L V.

LA comparaison seroit assez juste,
ce me semble, si on disoit que
l'envie ressemble à cette sorte de pier-
re dont on se sert pour affiler le tranchant des coûteaux. En effet l'envie
n'est bonne qu'à éguiser la langue;
cependant il est avantageux d'estre

E       blâmé

blâmé & repris par un médifant, &
nous voyons ordinairement que ceux
qui font tout à fait declarez pour la
médifance, ne fçauroient s'abftenir
de parler contre les gens de bien.

## L V I.

IL vaut mieux eftre le but de l'envie, que l'objet de la flaterie. La
condition d'un envieux eft pire mille
fois que celle d'un homme frappé de
pefte. Il y en a méme qui ne craignent pas de dire qu'il vaudroit
mieux eftre poffedé du Diable, que
de l'envie. Nous voyons en effet,
que l'envie eft mauvaife, de quelque biais qu'on la veüille confiderer;
la malice qui l'accompagne, eft trés-
abominable, & la peine qu'elle traîne aprés foi, eft encore plus étrange
qu'on ne l'imagine.

L V I I.

## LVII.

IL faut avoüer que c'est un monstre bien étrange que l'envie, car
estant l'injustice méme, ainsi que
tout le monde sçait, elle ne laisse pas
d'estre juste en quelque maniere.
Ceci a besoin d'explication. Rien
n'est si injuste que l'envie, parce
qu'un homme qui en est atteint, se
croit blessé par la vertu des autres;
mais d'un autre costé, rien n'est plus
juste que l'envie, parce qu'elle châ-
tie celui qui l'écoute & la suit, le
condamnant à des supplices si ef-
froyables, que l'imagination ne peut
aller au de-là.

## LVIII.

IL n'y a presque pas de difference entre un flatteur qui caresse les
gens, & un loup qui cherche la bre-
bis; il ne l'aime pas en effet, & s'il la
cherche, ce n'est que pour en faire

ſa proye. Defiez-vous donc d'un flatteur comme du plus cruel de tous vos ennemis ; l'avare le connoiſt mieux que perſonne : c'eſt trop peu de dire que la flatterie eſt un menſonge trés-ſubtil ; il faut encore ajoûter que c'eſt une infame trahiſon, car enfin le plus méchant homme du monde n'a nulle peine à parler avantageuſement des autres, & à leur faire du bien par deſſus ſes forces, lors qu'il y va de ſes intereſts ; il a en ce temps-là toutes les apparences d'un veritable ami, & il en donne quelquefois d'aſſez belles marques ; il fait neanmoins tout le mal qu'un ennemi eſt capable de faire.

## LIX.

C'Eſt un proverbe fort commun, que le menſonge n'a point de pieds, mais je crois qu'on devroit dire que le menſonge a des ailes, & que le menteur n'a point de pieds.

En

En effet, nous voyons que le men-
songe va extraordinairement viste,
& qu'en un instant il se trouve en
plusieurs endroits; au lieu qu'on at-
trape un menteur aussi facilement,
qu'un homme qui voudroit s'enfuïr
ayant la jambe rompüe.

## LX.

ON n'est jamais plus eloquent,
que lors qu'on se trouve en necessité, & si jamais l'homme est capable de se servir de sentences rares
& extraordinaires, c'est lors qu'il se
voit obligé de representer ses besoins.
La verité est plus forte que toutes les
raisons, & c'est elle, à proprement
parler, qui entretient la vigueur de
l'esprit. Cependant les hommes sont
d'ordinaire si mal disposez, qu'ils ne
peuvent digerer, ni même goûter
la verité, si elle n'est un peu déguisée.



LXI.

## LXI.

L'Amour ne sçauroit estre legiti-
me ni raisonnable, à moins que
d'avoir le bien pour objet. Nous fai-
sons donc trés-mal d'aimer ce qui
nous est contraire, & ce qui n'est capable de nous nuire que lors que
nous y mettons nostre affection.
N'est-ce pas estre bien infortúné en
amour, d'aimer la cause de son malheur? voilà pourtant où en sont re-
duits ceux qui aiment la fortune, &
qui méprisent la vertu.

## LXII.

L'Assiéte tranquille où l'ame se
trouve quelquefois, & la joye
qu'elle sént, est le fruit, ou si vous
voulez, la juste recompense de son
amour. On n'est pas seulement heureux quand on tourne ses affections
vers le bien; on participe encore aux
qualitez de la chose aimée, & on devient

vient vraîment bon. Le haut point
de la vertu confiſte à aimer Dieu, &
quoy qu'en veüillent dire les impies
& les libertins, il n'eſt point de felicité pareille à celle d'eſtre aimé de
Dieu.

## LXIII.

N'Eſt-ce pas une grande folie, que
de ſe paſſionner pour des biens
qui eſtant recherchez par d'autres
perſonnes, vous cauſeront mille in-
quietudes ? ce n'en eſt pas une moindre, de s'attacher à des perſonnes qui
ne peuvent eſtre aimées par d'autres,
ſans nous donner beaucoup de ja-
louſie & un furieux chagrin. Dieu
ſeul a cet avantage par deſſus toutes
les creatures, que nous pouvons l'aimer & nous attacher fortement à
luy, ſans craindre qu'on nous le ra-
viſſe. C'eſt luy faire un trés-grand
outrage, que de douter ſeulement
de la conſtance de ſon amitié ; car

          jamais

jamais il ne luy arrivera de nous oublier, ni de s'éloigner de nous le premier.

## LXIV.

Aimer une chose qu'on merite de
perdre parce qu'on l'aime, c'est
aimer en foû & en insensé. Or quiconque aime les richesses, merite de
les perdre. Souhaittez-vous d'estre e-
stimé sage & prudent en amour, aimez
seulement ce que vous vous rendrez
digne de posseder en l'aimant comme il faut. Sçavez-vous bien que l'a-
mour est l'appeau de l'amour, & que
d'estre aimé, est une amorce bien
douce., & un appast tout à fait en-
gageant ? or l'amitié naist de l'un &
de l'autre.

## LXV.

IL ne faut craindre que le mal;
puis donc que tous les maux de
cette vie n'en ont que l'apparence, il
n'y

n'y a aucun sujet de les apprehender. La moindre faute doit nous faire
trembler, mais le travail ne doit point
nous épouvanter.   Le peché est un
veritable mal, le travail n'est pas un
mal comme on se le figure d'ordinaire; c'est un bien réel, mais qui
pourtant n'est güéres en credit parmi les hommes delicats & senfuels.
Toutefois encore que l'opinion ne
luy soit pas favorable, il ne laisse
pas d'avoir la verité de son costé.

## LXVI.

SOuvenez-vous que dans les choses mémes que vous recherchez
avec ardeur, il y a plus à craindre
qu'à desirer. Par exemple, lors que
vous desirez fortement un plaisir,
comment n'apprehendez-vous pas
davantage le fiel dont il est détrem-
pé, & le chagrin qui en est inseparable? peut-estre le ressentirez-vous
durant tout le cours de vostre vie, au

lieu que la satisfaction passera en
moins d'un quart d'heure.

## LXVII.

LA crainte & la tristesse ne sont
point mal nommées le sang de
l'ame blessée. On ne s'arreste pas à
voir couler le sang d'une playe, il
vaut mieux songer à y apporter
promptement quelque remede, &
à la fermer s'il est possible. Quand
vous serez menacé de quelque fâcheux accident, ne perdez pas le
temps à examiner quelle sera la pesanteur du coup, mais pensez plû-
tost aux moyens de l'eviter, ou preparez-vous à le bien recevoir.

## LXVIII.

VOs disgraces & vos miseres ne
vous paroîtront jamais si grandes, lorsque vous les comparerez
avec celles des autres. Les personnes
les plus affligées se consolent aisément
lors

lors qu'elles font reflexion à ce que
les autres endurent, & c'eft une efpece
de douceur parmi les travaux de cette
vie, d'avoir des femblables, & de
n'endurer pas feul.

## LXIX.

LA honte & la crainte confervent
avec affez de foin & de fidelité les
biens de cette vie. La honte a beaucoup de pouvoir fur l'efprit d'un
homme de qualité, c'eft elle le
plus fouvent qui l'empefche de rien
faire de mal à propos. Le vulgaire
eft retenu dans le devoir par la crainte. Le premier motif marque une
belle ame, & un cœur genereux.
L'autre ne découvre que de la baffef-
fe, c'eft pourquoy nous voyons prefque à tous momens qu'il n'a de pouvoir que fur ceux qui font nez pour
la fervitude.

E 6        LXX.

## LXX.

LA crainte n'eſt autre choſe qu'un ſage conſeil, & un ſecret avertiſſement que la nature donne à tous les hommes, afin qu'ils ſoient en garde contre les maux qui peuvent les attaquer & les ſurprendre. Il ne faut donc pas craindre ceux qu'on ne ſçauroit éviter, puis qu'il eſt impoſſible d'empeſcher qu'ils n'arrivent. La crainte eſt bonne contre le danger, mais elle ne ſert de rien dans les maladies, non plus que dans les pertes qu'on peut faire ; ou quand on eſt certain qu'elles arriveront, il ne faut point alors perdre courage, ni les apprehender avec foibleſſe, on doit plûtoſt les attendre avec une fermeté inébranlable, & les ſouffrir avec une conſtance vraiment heroïque.

LXXI.

## LXXI.

L'Apprehenfion du mal caufe fouvent plus de douleur, & donne
cent fois plus d'inquietude que le
mal méme quand il arrive. Quelque
fâcheux accident qui furvienne, on
n'eft frappé qu'une fois, & le coup
eftant receu, on en eft quitte ; au
lieu que vivant toûjours dans la
crainte, on eft fujet à en recevoir
plufieurs. C'eft donc avoir peu de
raifon, d'apprehender fans ceffe un
mal qui ne fçauroit durer toûjours.

## LXXII.

UN homme qui craint, n'eft pas
capable d'entreprendre beaucoup de chofes, il croit facilement
tout ce qu'on luy dit ; la peur arrefte
les plus beaux projets du monde, &
tandis qu'on l'écoute, on n'execute
jamais les refolutions qu'on avoit prifes. Enfin elle renverfe tellement

        l'ima-

l'imagination des gens, qu'ils prennent pour des veritez trés-constantes
les plus legers soupçons.

## LXXIII.

IL ne faut pas juger de la grandeur
du peril par la crainte qu'on en
peut avoir. Il est quelquefois dangereux d'avoir beaucoup de con-
fiance. Si vous desirez de vivre tran-
quillement, craignez moderément,
& ne suivez pas l'opinion de certaines
gens qui se figurent que pour estre
heureux sur la terre, il ne faut se mettre en peine de quoy que ce soit.

## LXXIV.

IL y a moins de prudence à esperer
durant le cours de cette vie, qu'à
craindre avec sagesse ; les maux sont
en plus grand nombre & plus certains,
que les biens. Les maladies, les pertes, les disgraces & les afflictions sont
si frequentes, qu'on n'entend presque

par-

parler d'autre chofe, & il eft rare de rencontrer un homme qui en foit exempt. Pour une perfonne riche, combien y a-t-il de pauvres ? le nombre des heureux eft fort petit, au lieu que celui des miferables eft prefque infini.

## LXXV.

IL eft vray que la peur interprete affez mal les chofes, elle a neanmoins cet avantage, que jamais elle ne ment. On peut dire encore, afin de l'excufer, qu'il eft bien difficile de fe garantir de la peur lors qu'on fe trouve dans le danger. On eft plus fujet à eftre trompé lors qu'on efpere, dautant que les biens de cette vie ne font pas fi ordinaires, & qu'il y a une infinité de gens qui les recherchent.

LXXVI.

## LXXVI.

N'Avoir aucune esperance, c'est estre le plus pauvre de tous les hommes. Et celui qui n'espere plus rien, est reduit à la derniere & à la plus fâcheuse de toutes les necessitez. Comment voulez-vous qu'un homme puisse jamais avoir quelque bien, ayant perdu l'esperance qui est le dernier de tous les biens ?

## LXXVII.

LEs contentemens passez n'addoucissent point les maux presens ; au lieu que les maux qu'on a endurez, relevent le goust des satisfactions presentes. Le bien qu'on attend, n'est pas vraiment un bien ; le mal souffert avec patience, n'est plus un mal, & dés qu'il a cessé, il se change en plaisir, & donne beaucoup de satisfaction à celui qui l'a supporté constamment.

## LXXVIII.

## LXXVIII.

VOus ne vous tromperez jamais,
quand vous reglerez voftre
joye, & voftre douleur fur le pied
des chofes mémes. Ufez en donc de
la forte, afin de ne vous pas affliger
exceffivement de ce qui n'eft prefque rien ; afin auffi de ne pas trop
vous réjoüir, quand il n'y en a
qu'un fort petit fujet. La prudence
veut qu'on garde de certaines me-
fures dans la liberté qu'on accorde
à fes paffions, & il ne faut pas à la
moindre occafion qui fe prefente,
les laiffer agir dans toute l'étendüe
qu'elles peuvent avoir. Arreftez-
vous un peu à confiderer ce qui vous
épouvante, peut-eftre ne l'apprehen-
derez-vous point du tout, lors que
vous y aurez fait reflexion ; du moins
vous n'en aurez pas tant d'apprehenfion. Eh ! de grace, pourquoy eftes-
vous fi trifte, & qu'eft-ce qui peut

vous

vous tant affliger ? donnez vous la patience de l'examiner, vous reconnoiftrez infailliblement qu'il y a de l'excés de voftre cofté, & que le fujet eft fi leger, qu'il ne merite pas que vous en conceviez de la douleur. voftre crainte n'eft pas raifonnable, puifque toutes les peines de cette vie, & ce qui doit finir avec le temps, ne devroit pas eftre capable de troubler un homme qui fait gloire de fe conduire par les lumieres de la raifon.

## LXXIX.

LA plus grande mifere de l'homme n'eft pas, ainfi qu'on fe le perfuade, d'avoir la mort pour ennemie, & de fe voir continuellement aux prifes avec elle durant cette vie, mais elle confifte, en ce qu'il n'entre dans le monde que pour fe détruire, il eft lui-méme fon plus cruel ennemi, & comme il a d'ordinaire un trop grand attachement pour la vie, & qu'il l'ai-

l'aime avec excés, il se rend esclave
de tous les vices, au lieu que s'il appre-
hendoit fortement la mort, il ne tar-
deroit guéres à devenir homme de
bien, & par consequent fort heureux.

## LXXX.

QUiconque veut se garantir de
l'apprehension du mal, n'a qu'à
s'appliquer à faire le bien, & à le faire
sans cesse. Fuyez le mal, pour avoir
droit d'esperer le bien. On devient
utile à soy-méme, quand on oblige
les autres. Vous vous faites plus de
tort que vous ne croyez, lors que
vous ne regardez que vostre interest;
agissant de la façon, personne ne vou-
dra s'offrir à vous dans le besoin.
C'est ne faire presque rien, que de
ne pas faire de mal à personne; en
servant les autres, on ne leur fait
pas seulement plaisir, on s'oblige encore soi-méme. Faites le plus d'amis
qu'il vous sera possible. Attalus disoit

soit qu'il estoit plus doux de faire des amis, que de les avoir, & moy j'a- joûte qu'il est souvent plus avanta- geux.

## LXXXI.

LA bonté ou l'integrité de l'ame que nous connoissons sous le pretieux & aimable nom d'innocen- ce, se borne à ne commettre aucune faute, & la justice a pour son but, de ne faire tort à qui que ce soit. Ce n'est là pourtant, à dire le vray, qu'une partie de la charité ; pour la rendre donc complete, il faut y joindre la misericorde. En effet le lustre de cette vertu qui ne souffre pas qu'on offense personne, est ad- mirablement relevé par les nobles épanchemens de la liberalité.

## LXXXII.

VOstre amour propre devroit estre la régle & le modele de

vostre

voſtre juſtice; en jugeant les autres
par vous-méme, vous ne ſçauriez
vous tromper, parce que vous conſiderez leurs perſonnes, leurs biens,
leurs affaires, & leurs intereſts, comme ſi tout cela vous eſtoit propre.
C'eſt une eſpece d'injuſtice de s'imaginer qu'on a fort obligé une perſonne, quand on ne luy a point fait de
mal. La juſtice n'exige aucune reconnoiſſance, & j'aurois trés-mau-
vaiſe grace de me vanter d'avoir fait
plaiſir à un homme, parce que je me
ſuis abſtenu de l'offenſer.

## LXXXIII.

SOupçonner quelquefois le mal,
& s'en défier, peut paſſer pour
un trait de ſageſſe, mais le croire
ſans aucun fondement, c'eſt legereté. Il y a de la prudence à ſuſ-
pendre ſon jugement, & de la juſtice, à le tenir ſecret. Gardez-vous
bien de juger toûjours ſur le témoignage

gnage des sens, ils peuvent facilement
estre surpris, mais vous ne devez pas
vous laisser tromper. Ne prononcez
donc jamais à la haste sur quelque
matiere que ce puisse estre, le temps
vous instruira, & vous fera connoître la verité, afin de l'apprendre en-
suite aux autres.

## LXXXIV.

LA justice sans clemence approche fort de la cruauté, la clemence sans justice, est une imprudence fort dangereuse. Il est vray
qu'il faut toûjours donner le premier rang à la justice, mais la douceur, la bonté & la clemence doivent l'accompagner, & l'on doit méme leur donner plus d'étendüe. La
justice est une qualité si noble &
si pretieuse, qu'elle merite d'estre
loüée, lors méme qu'elle n'est point
soûtenüe par la prudence ; au lieu
que la prudence sans le secours de
la ju-

la juſtice, n'a ni merite, ni éclat.
La juſtice a cet avantage, qu'eſtant
ſeule, elle ne laiſſe pas d'eſtre fort
utile, mais la prudence peut ſeulement nuire, quand elle n'eſt point
appuyée de la juſtice. Il n'y a
point de venin plus dangereux que
celui des ſerpens; on ne reçoit auſſi
jamais plus de dommage, que de
la part des gens qui n'ont pour toutes armes que des fineſſes.

## LXXXV.

QUand on ne cherche que ce qui
peut donner de la ſatisfaction,
on rencontre difficilement ce qui eſt
bon & utile. Si la volonté l'emporte par deſſus la raiſon, elle fera concevoir d'étranges deſſeins. Il n'eſt
pas poſſible d'eſtre juſte, tandis
qu'on eſt gouverné par quelque affection. Ne conſiderez point les
perſonnes, ayez ſeulement égard au
merite; contentez-vous d'examiner
qui

qui a le droit de fon cofté, fans faire
reflexion fur voftre pouvoir, ni fans
écouter voftre inclination particu-
liere.

## LXXXVI.

C'Eft ajoûter un degré à fa malice, que de faire le mal feulement parce qu'on l'aime, mais c'eft
s'avancer à grands pas à la méchan-
ceté, d'aimer le mal parce qu'on
l'a fait. Il n'appartient qu'à un foû
de devenir méchant, afin de pouvoir nuire aux méchans, & c'eft
avoir perdu le jugement, que de
renoncer à la vertu, parce qu'on a
de l'averfion pour ceux qui aiment
le vice.

## LXXXVII.

I L faut avoir beaucoup de courage & de refolution pour vaincre la
honte, mais c'eft porter la generofité
jufqu'où elle peut aller, que de ne fe
laiffer

laiſſer point abbattre par la neceſſité,
quiconque a le courage de luy faire teſte , n'acquiert pas moins de
gloire que celuy qui ſe ſurmonte
ſoi-méme.

## LXXXVIII.

LA veritable generoſité ne conſiſte pas à entreprendre beaucoup de choſes hardies & difficiles,
mais à ſouffrir conſtamment tous les
maux qui arrivent. Il n'y a point de
puiſſance ſi abſoluë ſur la terre, qui
ne trouve quelquefois de la reſiſtan-
ce , mais la patience demeure tou-
jours ferme & inébranlable , & l'on
ne peut rien contre elle. Dire qu'on
ne ſupportera pas quelque accident
fâcheux ou quelque injure , c'eſt
parler comme les femmes & marquer
trop viſiblement ſa foibleſſe , un
homme parle autrement, & dit avec
une genereuſe reſolution, je ne feraí
pas cela.

## LXXXIX.

LEs grandes difficultez ne ſervent qu'à animer les gens qui ont du courage ; Les infortunes qui leur arrivent, font voir ce qu'ils ſont. Ils ne ſçavent ce que c'eſt que d'écouter la crainte, eſtant bien perſuadez qu'un cœur genereux & magnanime peut triompher de tous ſes ennemis. Il faut avoüer que la patience eſt merveilleuſement forte, puis qu'elle vient à bout de tout ſans eſtre aidée de perſonne. C'eſt une fortereſſe qui ſe défend toute ſeule, & qui n'a nul beſoin de la colere pour repouſſer ceux qui l'attaquent.

## XC.

LA force & la prudence ſont les deux vertus qui ſouſtiennent le char pompeux où la victoire eſt aſſiſe. On eſt doublement fort, quand on ſçait joindre la generoſité avec le bon

bon conseil. Quelque brave que l'on
soit, on ne peut avoir long-temps un
heureux succés dans ses entrepri-
ses , si l'on n'est secouru par la prudence.

## XCI.

LA mediocrité s'éleve infailliblement jusqu'au rang des vertus,
parce qu'elle se tient toûjours dans
le milieu; il faut que le autres vertus,
pour estre de veritables vertus, cherchent avec beaucoup de soins & de
fatigues, ce que la mediocrité a na-
turellement; son nom fait assez voir
que c'est une vertu qui occupe toûjours le milieu, où toutes les autres
vertus s'efforcent de parvenir. Il n'est
rien de plus assûré que ce que je m'en
vais dire, bien qu'il soit un peu surprenant. Ce qui s'appelle le moins
dans les vertus morales, est ce qu'il
y a de plus grand & de plus excellent; l'excés passe justement pour un



dé-

défaut, & la mediocrité est recon-
nüe pour une rare vertu. C'est la
moderation qui assaisonne toutes
choses, sans elle, les plus douces &
les plus agreables deviendroient ame-
res & insupportables; elle entretient
l'honneur, elle offre des plaisirs &
des contentemens qui sont purs & in-
nocens, enfin on doit la regarder comme la source & le principe de tout ce
qu'il y a de bon, d'honneste, & d'u-
tilie parmi les hommes.

## XCII.

UN homme moderé a toûjours
assés de bien. En effet, comme les passions nous ruinent à cause
des excessives dépenses qu'on est obligé de faire pour les contenter; aussi
l'éloignement des vices ne contribüe
pas peu à nous enrichir. On acquiert
beaucoup, lors qu'on ne fait point de
dépense inutile. La moderation n'est
donc pas seulement une vertu, mais
c'est

c'eſt encore un grand threſor.  Les
dez & les femmes conſument plus de
richeſſes qu'une grande incendie, &
je tiens que de tous les engagemens
qu'on peut avoir dans le monde, il
n'en eſt point de plus fort ni qui ſoit
plus mal-aiſé à rompre, que celui du
jeu & de la débauche.

## XCIII.

IL ne faut avoir ſoin de ſon corps
qu'à cauſe qu'on ne peut pas vivre
ſans luy; puis donc que vous ne vivez pas pour luy, ne vous mettez
point ſi fort en peine de le contenter.
Reglez ſes commoditez ſur ſes beſoins, & non pas ſur les contentemens qu'il ſe veut procurer. On ne
ſeroit pas ſujet à tant de maladies, ſi
l'on traîtoit ſon corps avec moins de
delicateſſe qu'on ne fait.

## XCIV.

LA mort est un excellent tableau qui represente fidellement la vertu. Quiconque veut apprendre à bien vivre, n'a qu'à consulter les morts. La veritable philosophie n'est autre chose qu'une serieuse reflexion sur la mort, servons nous donc de ses preceptes afin de découvrir la laideur du vice, & la vanité de toutes les choses du monde; suivons aussi les regles qu'elle nous donne pour faire en peu de temps beaucoup de progrés dans l'étude de la vertu.

## XCV.

VOus ne vous souviendrez jamais mieux de vous-méme, que lors que vous songerez qu'il vous faut mourir quelque jour. La pensée de la mort est admirablement feconde, car elle nous apprend ce que nous sommes maintenant, elle nous fait

voir

voir ce que nous serons quelque jour,
& elle nous instruit de ce que nous
devons faire durant le cours de cette
vie. Enfin la mort est la plus juste
regle de la vie des hommes, & elle
leur fait plus de bien qu'ils ne se l'ima-
ginent.

## XCVI.

N'Allez pas vous figurer qu'en
mourant, vous cessez simple-
ment de vivre, je dis qu'alors vous
cessez de mourir. Il est vrai que vous
commençastes de vivre, dés le premier jour que vous entrastes au monde, mais dés lors vous commençastes
aussi à mourir; vous estes entré dans
la vie & dans la mort tout ensemble;
la lumiere qui éclaire vostre vie est
semblable à la clarté d'une chandelle,
ce qui l'entretient la consume.

## XCVII.

Ites moi, je vous supplie, qu'estoit cet homme avant que de naiftre? il n'estoit pas, vous en demeurez d'accord. Or je soûtiens que c'est là la derniere & la plus fâcheuse de toutes les neceffitez. Et quel est celui qui un peu auparavant n'estoit rien, & qui méme aprés avoir receu l'estre, n'est presque rien? & qui dans peu de temps ne sera qu'un amas de cendre & de poussiere? il faut avoüer que toutes les choses confiderées en elles-mémes, font extremement méprifables; il n'y a que la vertu qui renferme tant de grandeur & d'excellence, qu'elle a le pouvoir d'élever tout ce qui l'approche, & de l'annoblir. Estimons donc uniquement ce qui peut nous rendre si confiderables.

## XCVIII.

## XCVIII.

IL n'y a pas de difference entre vivre long-temps, & souffrir long-
temps. L'affliction, les peines, les
larmes, & les douleurs naissent avec
nous. La vie de l'homme n'est qu'u-
ne longue & ennuyeuse suite de perils, de maux & de tourmens, mais
l'homme a quelque sujet de se con-
soler, puis qu'en commençant de vivre, il a commencé de s'approcher de
sa fin, & de s'avancer vers la mort.

## XCIX.

LA vertu ne reçoit pas moins d'é-
clat des infortunes qui arrivent
aux sectateurs du vice, & de la peine
que souffrent ordinairement les méchans, que des solides contentemens
que les gens de bien gouftent assez
souvent dans l'exercice des vertus les
plus difficiles. C'est estre tout à fait
miserable, d'avoir une ame qui ne

ſert que pour conſerver le corps, &
qui ne regle pas ſes mouvemens. On
pourroit bien dire, cela eſtant de la
ſorte, que l'ame ne ſert au corps que
comme le ſel aux viandes qu'il exempte de corruption ſeulement pour
quelque temps.

## C.

LA vertu n'eſt qu'un accident de
l'homme, pour en parler comme les Philoſophes, mais cet accident ne laiſſe pas de conſerver ſa ſub-
ſtance. Toutes choſes ont eſté creées
de Dieu pour le ſervice de l'homme,
& il a creé l'homme afin d'en recevoir de l'honneur & du ſervice auſſi-
bien que de tout le reſte des creatures enſemble. C'eſt la vertu qui nous
rend capables de ſervir & d'hono-
rer celui qui a daigné nous tirer du
neant, & ſans elle nous ne ſçaurions
plaire à noſtre Createur.

MAXI-

# MAXIMES STOICIENNES.

## I.

CE n'est pas ce que l'on possede, qui donne de la satisfaction, mais ce qu'on aime. Ce qui fait aussi le chagrin de la pluspart des hommes, n'est pas tant ce qui leur manque, que ce qu'ils desirent. En ne desirant rien, on peut estre aussi heureux que celuy qui a toutes ses commoditez. N'avoir nul desir en ce monde, c'est un thresor préferable à un Empire. Combien de choses peuvent manquer aux plus grands Rois de la Terre? au lieu qu'un homme qui ne desire quoy que ce soit, ne se trouve jamais dans l'indigence.

 II. La

## II.

LA joye n'est pas du ressort de la Fortune, elle ne sçauroit, quand elle voudroit, nous en faire un present; c'est un meuble du cœur, non seulement parce qu'on ne sçauroit la rencontrer autre part, mais encore parce que c'est où elle prend naissance. Les choses qui nous plaisent, ne font pas le goust ni le plaisir; celles aussi qui nous donnent de l'inquietude, n'en sont pas la cause, il faut s'en prendre uniquement à nostre volonté qui est la veritable source d'où procedent la joye, le plaisir, le chagrin & la tristesse; c'est pour cela que ce qui agrée à l'un, deplait furieusement à l'autre. Ce n'est pas la varieté des choses, mais la diversité des volontez qui fait concevoir à nostre cœur tant d'affections opposées les unes aux autres.

III. C'est

## III.

C'Est une erreur commune à tous les hommes, de vouloir parvenir à la felicité en suivant des routes qui ne peuvent pas les y conduire. Quel moyen d'arriver au point de ne plus rien desirer, en prenant le chemin des desirs ? Voulez-vous vous épargner bien des peines & des fatigues ? reglez voftre convoitife, n'ayez nul violent attachement pour quoy que ce soit ; quand on ne desire rien par avance, on n'apprehende pas de devenir malheureux, & l'on arrive au terme fans eftre obligé d'effuyer la fatigue du chemin. La vraye felicité d'un homme fur la terre, confifte pluftoft à ne poffeder rien, qu'à eftre du nombre des vivans. Renonçons une bonne fois à tous nos defirs, puis que cela eft en noftre pouvoir.

     IV. Le

## IV.

LE moyen de se delivrer de beaucoup de peines, de soucis & de travaux, est de ne rien craindre, & de ne rien desirer. Tout vostre malheur, si vous y faites reflexion, ne vient que de ce que vous n'avez pas ce que vous souhaitez, ou bien de ce qu'il vous arrive quelque chose qui n'est pas selon vostre inclination. Vous n'aurez nulles disgraces à essuyer, tandis que vostre cœur conservera sa liberté, & que toutes choses luy seront indifferentes.

## V.

LE chagrin diminüe à mesure que l'affection s'éteint en nous. L'on n'est jamais plus éloigné de tomber dans l'affliction, que lors qu'on sent sa volonté libre, & sans aucun attachement. Changer d'inclination,

tion, eſt um moyen tres-facile & tres-
aſſûré pour ſortir de miſere. Aju-
ſtez vos deſirs à toutes ſortes d'éve-
nemens, & vous ſurmonterez ſans
peine les plus grandes difficultez. Le
chagrin ſe prend pluſtoſt, qu'il ne ſe
donne.

## VI.

C'Eſt un grand art, que de ſçavoir
deſirer, à moins que d'y eſtre
fort habile, on ne ſçauroit vivre content. Qui peut retrancher ſes deſirs,
eſt au deſſus de tout, & le monde entier n'a rien qui ſoit digne de luy. Il
eſt facile de troüver un parfait repos
icy bas, & d'éloigner de ſoy les accidens malheureux qui rendent la vie
ennuyeuſe & inſupportable ; il ne
faut que ſe rendre independant de
toutes les creatures, & s'élever au
deſſus de ſoy-méme. Il s'eſt trouvé
des gens, qui eſtant devenus aveu-
gles, & ayant perdu l'uſage des pieds
& des

& des mains, n'ont pas laiſſé de vivre fort contens. Ne faites donc point dependre voſtre bonheur, ni du corps, ni de tout ce qui peut flatter les ſens. Un homme eſtropié ne ſonge ſeulement pas à ſe plaindre, quand ſon cœur eſt ſatisfait. Qui peut ſe paſſer de ſoy-méme, · ne ſe ſoucie guéres de tout le reſte. Vous pouvez eſtre extremement riche avec le bon uſage de voſtre volonté.

## VII.

C'Eſt une extreme imprudence, d'aimer ſans choix & ſans diſcernement; il faut bien regarder où l'on met ſon affection. En deſirant confuſément, & en gros, il ne ſe peut faire qu'on ne ſoit trompé, & le mauvais ſuccés qu'ont eû nos deſirs, nous cauſe une triſteſſe & une affliction dont on a bien de la peine à revenir. Si vous deſirez ce qui eſt au pouvoir des autres, vous vous mettez en danger

ger de n'en retirer que du déplaifir, au lieu qu'en fouhaitant uniquement ce qui depend de vous, vous ne hazardez point voftre contentement. Faites en forte que voftre volonté ne s'attache qu'aux chofes qui font de fa jurifdiction. Eh! qu'y a-t-il qui depende plus abfolument d'elle, que le defir d'eftre homme de bien, & de ne s'employer qu'à des actions honneftes & dignes de loüange?

## VIII.

LE gouft confifte en l'accompliffement du defir, c'eft pourquoy il faut tellement regler voftre volonté, qu'elle ne fouhaite jamais que les chofes dont elle peut venir à bout, fans donner à fes defirs la liberté de s'étendre à celles qui font impoffibles. Vous ferez le plus heureux de tous les hommes, fi vous mefurez vos inclinations, vos amours, & vos defirs, au pouvoir que vous avez; fi

vous

vous vous éloignez de cette regle, vous serez miserable autant de fois que vous desirerez quelque chose.

## IX.

SI en mangeant peu, vous pouvez contenter voſtre appetit, on vous eſtimera foû, de vouloir manger beaucoup pour augmenter la faim, & irriter voſtre appetit. Voilà juſtement où vous en eſtes reduit, quand pouvant eſtre ſatisfait en ne deſirant que peu de choſes, vous laſchez inconſiderément la bride à voſtre volonté, qui n'a garde d'eſtre contente, parce qu'elle s'emporte avec un excés monſtrueux à deſirer tout ce qui eſt contraire à ſon repos. C'eſt une ſphére d'une prodigieuſe étendüe, que celle de la convoitiſe. Noſtre cœur trouve pluſtoſt ſon repos & ſon contentement à ne rien deſirer, qu'à faire de grandes acquiſitions.

X. Ce-

## X.

CEluy qui est arrivé jusqu'au point de ne rien craindre, & de ne rien esperer, a fait une acquisition tres-considerable; la paix & le calme dont il joüit, est un present que la fortune, toute riche qu'elle est, n'a pas le pouvoir de luy faire; un homme peut devenir par ce moyen, son propre bienfaicteur. Il peut se procurer plus de satisfaction en ne desirant rien, qu'il n'en recevroit de la conqueste de tout le monde. On sçait assez qu'il y a eû des personnes genereuses qui ont regardé le monde avec mépris; mais tout ce qu'il y a de gens sur la terre, souhaittent avec passion d'estre aussi heureux que celuy qui ne desire plus rien en ce monde. C'est là le solide contentement, & la vraye felicité de nostre cœur.

XI. Si

## XI.

SI vous avez affez de courage pour vous refoudre à fouffrir, je vous affeure que vous vous delivrerez de beaucoup de foucis, & d'un fardeau étrangement lourd, puifque vous vous déferez de l'impatience qu'on ne fçauroit mieux definir, qu'en difant qu'elle eft comme le fil qui unit tous les maux, ou bien comme la pointe qui ouvre un paffage aux difgraces & aux infortunes dans noftre ame. L'impatience ne diminüe point le mal, & elle l'augmente toûjours.

## XII.

N'Ajouftez point un fecond mal à celuy que vous fouffrez, en vous laiffant aller à l'impatience. Quiconque ne fupporte pas fon mal avec patience, outre la faute qu'il commet, eft encore obligé d'effuyer

une

une seconde peine beaucoup plus grande & plus fâcheuse que la premiere.

## XIII.

ON s'exempte de la rage, & du desespoir, lors qu'on souffre avec patience les maux qui arrivent; mais on gouste une joye tres-pure, lors qu'on s'applique à bien faire. Il n'est point de contentement pareil à celuy qui vient d'une bonne action.

## XIV.

TEnez vostre cœur libre, & exempt de passions, & vous ferez plus grand qu'Alexandre; vous ne serez esclave de personne, au lieu que ce Monarque l'a esté de ses passions. J'aimerois beaucoup mieux estre reduit à la condition des plus vils esclaves, que de me voir gouverné par quelque passion.

XV. Je

### XV.

JE prefere fans difficulté la liberté du cœur à l'empire de tout le monde. On n'eft pas encore bien libre, tandis qu'on eft aux prifes avec fes paffions, & que l'on combat contre fes propres inclinations. C'eft eftre efclave de plufieurs tyrans tout à la fois, que d'obeïr à fes paffions.

### XVI.

VEnir à bout de quelque paffion, n'eft pas une petite victoire. Il y a plus de gloire à triompher de fon propre cœur, qu'à prendre une citadelle par force, pourveu toutefois que l'on foit redevable de cette noble victoire à la feule vertu, & non pas à la rencontre & à l'impetuofité d'une autre paffion; car il y a des vices qui fe détruifent les uns les autres; de forte que d'employer

ployer

ployer un vice pour en chaſſer un autre, n'eſt pas tant une victoire, qu'u-
ne honteuſe défaite.

## XVII.

QUand deux vices ſe choquent
furieuſement dans noſtre ame,
& que l'un demeure victorieux de
l'autre, il ne l'en fait pas ſortir pour
cela, il ne fait, tout au plus, que
l'empriſonner, ſi bien qu'à la premiere occaſion il échape, & devient
plus inſolent qu'auparavant.

## XVIII.

COuper les branches d'un arbre,
& laiſſer le tronc encore tout
verd, c'eſt ſe donner inutilement
beaucoup de peine. La vertu eſt fort
mal établie dans un cœur où la raci-
ne du vice eſt demeurée toute entiere, Une paſſion ne ſe détruit pas par
une autre paſſion; un vice n'éteint
pas un autre vice.

XIX. Il

## XIX.

IL y a des hommes perdus & débauchez qui ont de certains vices en horreur, non pas à cause du goust, & de la satisfaction qu'ils trouvent dans la vertu, mais à cause de l'inclination qu'ils ont pour d'autres vices. C'est un extreme malheur, de concevoir une forte aversion pour le mal, sans aimer le bien!

## XX.

RIen n'est plus surprenant, ni plus vray tout ensemble, que ce que je vas dire, à sçavoir que les vices qui ressemblent davantage à la vertu, sont ceux qu'on doit éviter avec plus de soin, car ils sont mille fois plus dangereux que les autres. Un ennemi qui se cache sous l'apparence d'une amitié sincere & veritable, est beaucoup plus à craindre qu'un ennemi declaré & reconnu pour tel.

Nous

Nous tomberons infailliblement dans les pieges des vertus contrefaites , à moins que d'épurer noftre cœur de toutes fortes d'affections, de paffions, & de defirs.

## XXI.

LA fouveraine habileté de la vie confifte à connoiftre le bien , & à fçavoir l'aimer. Les foucis , les peines & les afflictions entrent par ces deux ouvertures dans l'ame , & tout noftre malheur vient ou de ce que nous jugeons mal des chofes , ou de ce que nous ne reglons pas bien nos amours. La paffion nous fait defirer avec ardeur ce qui eft mauvais , & l'ignorance nous empefche de diftinguer le bien d'avec le mal.

## XXII.

LAiffons-nous toûjours conduire par la verité , & jamais par l'opinion. L'apprehenfion & la tromperie

G

font

font paroître d'ordinaire les maux
beaucoup plus grands qu'ils ne font
en effet, & fans elles on ne trouveroit
rien de trop fâcheux dans le monde.

## XXIII.

NOus nous réjoüiſſons ſouvent
de ce qui devroit nous tirer les
larmes des yeux, & nous pleurons
quelquefois lors qu'il faudroit rire.
Enfin on nous voit tantoſt triſtes, &
tantoſt joyeux, bien que nous
n'ayons aucun ſujet de nous affliger, ni de témoigner de la joye:
nous devrions pluſtoſt rougir de noſtre foibleſſe, conſiderant que des
choſes ſi legeres font tant d'impreſ-
ſion dans noſtre ame.

## XXIV.

LEs maux apparans nous tourmentent d'ordinaire plus cruellement que les maux réels & effectifs,
& l'on peut dire que ce qui cauſe la
tri-

triſteſſe, l'ennuy, & le chagrin, n'eſt
pas tant le mal qui arrive, que celuy
qu'on s'imagine devoir arriver. L'o-
pinion nous trompe, & nous empoi-
ſonne.

## XXV.

LEs richeſſes paſſent chez nous
pour un bien, & en cela nous
n'en jugeons pas ſainement; ce nom
ne convient proprement qu'au bon
uſage qu'on en fait, diſpenſant ſage-
ment ce qui eſt en ſoy l'occaſion d'un
fort grand mal.

## XXVI.

S'Il y a du bien dans les richeſſes, il
eſt fort petit, car elles donnent
une furieuſe pente au mal, engagent
ceux qui les poſſedent dans mille af-
freux dangers, & les condamnent à
beaucoup de ſoucis, de peines & de
travaux; elles entretiennent la convoitiſe, & ſervent de matiere à tous

 les

les vices; elles donnent de l'inquietude à ceux qui les defirent, ceux
auffi qui les poffedent, craignent
toûjours qu'elles ne leur échappent;
ceux enfin qui les ont perduës, ne
fçauroient prefque revenir de leur affliction.

## XXVII.

LA pauvreté eft le plus grand de
tous les biens, parce qu'elle ne
fait mal qu'à celuy qui la fuit, & qui
en a averfion; au lieu que les richeffes bleffent plus dangereufement
ceux qui les aiment avec trop de paffion. Si quelqu'un dit que la pauvreté eft extremement incommo-
de, il faut luy répondre que l'in-
commodité n'eft pas attachée à la
pauvreté, mais à la perfonne de celuy qui eft pauvre.

XXVIII.

## XXVIII.

C'Est une erreur bien groſſiere, de s'imaginer qu'un homme eſt fort heureux, parce qu'il poſſede de grands threſors, & qu'on a plus de conſideration & d'eſtime pour luy, que pour les pauvres ; je maintiens au contraire qu'il eſt plus miſerable que ceux qui ne poſſedent rien du tout, car enfin plus il a de richeſſes, & plus il a de beſoins. Qu'eſt-ce qui manque à un pauvre ? preſque rien ; il eſt content quand il a dequoy ſe nourrir & s'habiller ; au lieu qu'il faut mille choſes à un homme riche pour entretenir ſon luxe, ſon orgüeil & ſa vanité.

## XXIX.

L Es perſonnes riches ſont reduites à une grande neceſſité, puiſque tout ce qu'elles deſirent leur manque. Les pauvres n'ont beſoin que du ne-

G 3

ceſſai-

ceſſaire. Un homme riche ſe trouve
en autant de beſoins qu'il veut entretenir de paſſions & de vices. Un pauvre ne ſonge qu'à ſouſtenir ſa vie.
J'appelle un homme pauvre, quelque riche qu'il ſoit d'ailleurs, quand
il a beſoin de tout ce qu'il poſſede.
J'appelle un homme riche, quelque
miſerable qu'il paroiſſe, quand il n'a
nul beſoin de toutes les choſes qui
ſont hors de ſon pouvoir. Il y a bien
des gens qui ſont pauvres avec tous
leurs threſors, parce qu'ils ne ſçavent
pas ſe contenter de peu.

## XXX.

CEux qui ne deſirent les richeſſes
que pour le plaiſir, ſont laſches
& infames ; ceux qui eſperent d'y
rencontrer de l'honneur, ſe trompent extremement ; enfin ceux qui
ne les recherchent qu'afin de contenter leurs paſſions, ſe rendent
coupables d'une grande faute ; mais
ceux

ceux qui ne se proposent point d'autre but dans cette recherche, que de
s'exempter de la necessité, se devroient souvenir que le chemin le
plus facile pour y arriver, est de se
contenter de peu de choses. Je dis
plus, on n'a qu'à ne rien desirer,
pour s'exempter tout à fait de la necessité.

## XXXI.

JE ne veux pas nier que la santé ne
soit un fort grand bien, mais je
voudrois aussi que tout le monde de-
meuraft d'accord que la maladie n'est
pas un fort grand mal; elle apprend
aux gens à se connoiftre, au lieu que
la santé les trompe, en leur faisant
croire qu'ils ne mourront jamais. Est-
ce un mal, que de sçavoir par experience qu'on est homme? combien
pensez-vous qu'il y ait de gens qui se
portent bien maintenant, lesquels
font neanmoins plus proches de la
G 4      mort

mort que ceux que les Medecins ont abandonnez ? ne voyons-nous pas tous les jours des personnes extremement foibles, delicates & infirmes, qui vivent plus long-temps que d'autres qui paroissoient avoir la plus forte santé du monde ?

## XXXII.

LA vie est un bien, quand on l'employe utilement ; la mort ne doit jamais estre appellée un grand mal, sinon lors qu'on n'a pas bien vescu. La mort n'est point une faute, c'est une chose trés-naturelle. C'a esté un grand malheur à plusieurs, de vivre long-temps. On ne meurt jamais trop tost, quand on a vêcu en homme d'honneur, & dans la prattique des vertus.

## XXXIII.

UN homme ne perd point la vie, encore que la mort arrive plustost

toſt qu'il ne l'attendoit ;   car celuy qui aſſûre qu'il perd ce qu'il doit, ſemble vouloir nier abſolument ſa debte au méme temps qu'il la paye. Nous n'entrons dans le monde par la porte de la vie, qu'à condition d'en ſortir par celle de la mort.

## XXXIV.

NOus ne devrions pas tant craindre la mort, puis que nous mourons tous les jours.  Quand un homme meurt, il ne fait que ceſſer de vivre ;  quand quelqu'un vient au monde, il commence à mourir.  Dire qu'un jour nous mourrons, n'eſt pas une choſe plus certaine, que d'aſſûrer que nous mourons à chaque inſtant de la vie.  Un homme paſſeroit-il pour raiſonnable, qui refuſeroit de faire ſeulement une fois, ce qu'il fait ſans relaſche ?  N'apprehendez donc point de mourir.  Si la mort vous ſurprend en la fleur de voſtre

âge, elle enſevelira un million de vices avec vous ; ſi elle diffère à venir
juſqu'à la vieilleſſe, elle vous dé-
livrera alors de beaucoup d'infirmitez.

## X X X V.

LE bien qu'il peut y avoir dans
l'honneur, eſt grand ou mediocre ſuivant qu'on ſe l'imagine. Faites peu de cas de l'opinion, eſtimez
la verité ſur toutes choſes. Ne vous
inquietez jamais de ce qu'on ne parle
pas avantageuſement ſur voſtre ſujet, particulierement ſi ce ſont des
gens qui vivent mal, & qui médi-
ſent indifferemment de toutes ſortes
de perſonnes. S'ils diſent la verité, je
trouve que vous n'avez aucun ſujet
de murmurer, ni de vous plaindre.
S'ils mentent, ils en ſouffrent plus
que vous ; ne les imitez donc pas, &
ſi vous eſtes quelquefois contraint
de parler d'eux, faites le toûjours

en

en des termes civils, honneftes & obligeans. Vous pouvez bien, lors qu'ils parlent mal de vous, méprifer leurs difcours & n'y pas faire de reflexion, mais quelque foin que vous apportiez pour les contenter & les adoucir, vous n'en viendrez jamais à bout.

## XXXVI.

UNe perfonne qui merite veritablement d'eftre loüée, ne doit pas fe mettre beaucoup en peine de ce qu'on ne luy fait pas cette juftice ; mais il faut bien prendre garde de ne fouhaitter jamais des loüanges quand on s'en juge indigne. On a beau loüer un homme, il n'en eft pas plus vertueux pour cela ; mais c'eft l'eftre en effet, que de meriter l'approbation des gens de bien. Loüer une perfonne qui n'a ni vertu, ni merite, c'eft l'outrager cruellement. Le pur merite fans loüan-



ges,

ges, est une rare vertu, & une insigne valeur. L'envie ne s'attache qu'aux grandes & nobles qualitez.

## XXXVII.

VOs peines vous paroistront moins fâcheuses, si vous les comparez avec celles des autres. Desirez-vous ne pas tant endurer, souffrez avec patience les disgraces qui vous arrivent ; si vostre foiblesse se met de leur costé, fortifiez le vostre par la raison. Si ces peines arrivent par vostre faute, recevez les comme une chose qui vous estoit deüe ; si vous n'y avez rien contribüé, satisfaites-vous dans la pensée de vostre innocence, & ne murmurez point, de crainte de tomber dans quelque faute.

## XXXVIII.

UN homme qui a perdu ce qu'il estimoit, & qui ne s'est pas perdu

perdu luy-méme, n'a pas grand sujet
de s'affliger ; les richesses l'auroient
perdu, s'il ne les euſt perduës. Nous
appellons ordinairement diſgrace &
infortune, ce qui eſt un excellent
remede à nos maux, & nous regar-
dons comme une fort grande perte,
ce qui nous apporte ſouvent beaucoup d'utilité.   On peut dire d'un
homme qui ſent de l'affliction de la
perte de ſes biens, qu'il s'eſt encore
perdu luy-méme.  Nous avons veû
perir plus de gens parce qu'ils avoient
du bien, que parce qu'ils l'avoient
entierement perdu.  C'eſt eſtre vo-
leur, que de ravir le bien d'autruy.
Conſerver ſes threſors avec inquietude, c'eſt ce que fait un avare ; demander de l'argent, c'eſt eſtre pauvre ; s'affliger de ce qu'on en manque, c'eſt eſtre miſerable.  Je ne
ſçay que trop qu'un homme ſe croit
infortuné quand il ſe voit dépoüillé
de tous ſes biens par quelque acci-

dent que ce puisse estre, mais je sçay aussi qu'il se trompe, & qu'il n'a nul sujet de se plaindre, car ce qu'il regarde comme une fâcheuse disgrace, est d'ordinaire la source de son bonheur.

## XXXIX.

C'Est avoir bien peu de jugement, que de se mettre en mauvaise humeur parce qu'il nous est arrivé quelque chose contre nostre esperance. Il ne falloit pas s'attendre d'obtenir ce que personne ne nous avoit promis. Rien n'est constant, ni asûre dans le monde. Le stile le plus ordinaire, la loy la plus commune & la plus universellement receüe parmi les hommes, est de voir presque à tous momens des choses qui nous choquent. De quelque costé qu'on veüille se tourner, on ne rencontre que des malheurs & des disgraces qu'il faut essuyer malgré qu'on en ait.

ait. A-t-on promis à quelqu'un d'entre nous, un bonheur continuel sans mélange d'aucune infortune? Ne considerez jamais dans les disgraces qui vous font arrivées, la perte qu'elles vous ont caufée, mais faites feulement reflexion fur le danger que vous avez évité, parce que celuy qui a perdu tout ce qu'il poffedoit, a neanmoins encore fujet de fe confoler & méme de fe réjoüir, puis qu'il ne s'eft pas perdu avec fes richeffes.

## XL.

VOus ne devez point eftimer les chofes meilleures parce que vous les avez ardemment defirées. La peine eft fouvent le fruit & le terme du defir, & c'eft eftre heureux, que de n'obtenir pas tout ce qu'on fouhaite. Defiez-vous de voftre volonté, elle trompe l'entendement, & elle manque auffi le plus fouvent dans

le

le choix qu'elle fait des chofes. Ce n'eft pas l'inclination , mais c'eft la raifon qui nous doit fervir de régle en toutes fortes de rencontres.

## XLI.

NOus ne devons pas beaucoup eftimer toutes les chofes de ce monde , puifque ceux qui ont de l'é-quité & du difcernement , jugent qu'il y a plus de gloire à les méprifer par grandeur de courage , qu'à les acquerir par fa propre induftrie.

## XLII.

LA vie avec le peché , c'eft une mort ; fans le plaifir qui accompagne le peché , c'eft une nuit trés-fàcheufe ; avec la joye , c'eft tout au plus une heure ; avec les foucis & les travaux , c'eft un fiecle entier ; avec l'efperance , c'eft un fommeil ou pluf-toft un fonge. Enfin pour parler comme il faut de la vie, on ne doit
jamais

jamais l'appeller de ce nom , finon
lors qu'elle eft accompagnée de la
vertu. La vie femble fort courte aux
perfonnes heureufes, & étrangement
longue aux miferables. Le bon temps
eft celuy qui s'écoule imperceptible-
ment , & qui paffe le plus vifte de
tous.

## XLIII.

QUi fçait bien endurer , peut
vaincre fans beaucoup de travail. Souffrir & vaincre appartien-
nent à une méme fcience. La patience enfeigne admirablement l'un
& l'autre , & la fortune avec toute fa puiffance eft obligée de luy
ceder.

## XLIV.

DE méme que tous les autres
fens prefuppofent celuy du tou-
cher, ainfi toutes les vertus prefuppofent la patience , & l'on peut dire
que

que c'eſt une ſource feconde d'où
naiſſent toutes les actions qui ont
quelque bonté.

## XLV.

UNe perſonne qui ſouhaitte de
ne pas trouver beaucoup de
peine dans le travail auquel on l'oblige malgré elle, n'a qu'à en chercher
d'elle-méme, car on endure plus volontiers & avec plus de facilité un
mal auquel on s'eſt déja accouſtu-
mé. L'experience ne contribüe pas
ſeulement à rendre un homme prudent, elle luy ſert auſſi beaucoup à
acquerir la patience.

## XLVI.

AImez à n'avoir que fort peu de
choſes, & vous rencontrerez
dans la miſere des autres un riche
threſor pour vous. La pauvreté n'eſt
pas une vertu, il n'y a que l'amour
de

de la pauvreté qui merite de porter ce beau nom.

## XLVII.

ON rencontre un ennemi trés-cruel dans la pauvreté, quand on n'a nulle affection pour elle ; car sans parler des incommoditez qu'elle traîne aprés soy, elle ouvre la porte à beaucoup d'autres maux trés-fâcheux. La necessité & la honte sont deux sources inépuisables de maux & de disgraces.

## XLVIII.

QUoy que les richesses confiderées en elles-mémes, ne soient pas mauvaifes, elles font neanmoins toûjours fort dangereufes, & par confequent dignes de mépris. Le feu eft bon à cent fortes de chofes, toutefois on n'oferoit dire qu'il eft bon parmi un grand amas de poudre. Il en eft de méme des richeffes,

elles

elles deviennent mauvaifes auffi-toft
que la volonté s'y attache.

## XLIX.

L'Or caufe d'étranges defordres
quand il ne tombe pas en de bonnes mains. Voulez-vous fçavoir
quand il eft bon ? c'eft lors qu'on
s'en éloigne. Si celuy qui en eft le
maiftre, a envie d'en retirer quelque utilité, il n'a qu'à s'en défaire
promptement. J'ajoufterai encore
une chofe fur le fujet de l'or, c'eft
que la perfonne qui le refufe, ne
merite pas moins de loüanges, que
celle qui vouloit le donner.

## L.

ON n'a point trop mal parlé des
richeffes, quand on les a ap-
pellées le vomiffement de la fortune; or il eft conftant que ce qui fort
des entrailles avec quelque violence, eft déja gafté & corrompu, d'où
vient

vient que les moins delicats ne ſçauroient le regarder ſans horreur.

## LI.

REgardez tous les biens de ce
monde comme étrangers, nul
ne peut ſe vanter que la fortune depend de luy. Nous ne devons jamais
mettre la vertu au rang de nos biens,
ſinon lors que nous l'avons acquiſe.
Ne dites jamais, j'ay perdu telle choſe, car enfin vous n'avez rien que par
emprunt. Si quelqu'un de vos en-
fans vient à mourir, gardez-vous
bien de le pleurer comme ſi vous
l'aviez perdu, contentez-vous ſeulement de dire, je l'ay rendu à celuy
à qui il appartenoit. Rejoüiſſez-vous,
au lieu de vous affliger, quand on
vous aura dépoüillé de tous vos
biens, parce qu'alors vous ne devrez
plus rien.

LII. Il

### LII.

IL importe peu de ſçavoir par quelle voye le creancier a touché l'argent qui luy eſtoit deû, pourveu qu'il ne demande plus rien à ſon debiteur. Ce n'eſt point à vous de regarder la perſonne à qui Dieu s'eſt voulu adreſſer pour reprendre ce que vous luy deviez ; ne vous arreſtez point à examiner ſi cette perſonne a de bonnes ou de mauvaiſes qualitez, ou ſi elle a de l'averſion pour vous ; n'eſt-ce pas aſſez que vous ſoyez aſſûré qu'eſtant beaucoup redevable, voſtre creancier ne vous demande plus rien ?

### LIII.

C'Eſt eſtre maiſtre & ſeigneur abſolu, que d'agir & d'ordonner ſelon, ou contre ſon inclination ; vous ne ſçauriez neanmoins exercer ce pouvoir, que ſur les actions qui

pro-

procedent de la vertu, car il ne s'é-
tend pas fur les biens qu'on reçoit de
la fortune, s'opiniaftrer à en vouloir eftre le maiftre, c'eft fe difpofer
à eftre bien toft leur efclave.

## LIV.

CE feroit un grand trait de fageffe, & un extreme bonheur
tout enfemble, fi vous pouviez vous
mettre en eftat de n'avoir jamais de
difgrace; aprés tout, cela eft en voftre pouvoir, il ne faut que tourner à
voftre profit les accidens les plus fâcheux, & tirer le bien du mal. Soyez
fortement perfuadé qu'hormis le
peché, il n'y a point de mal qui
ne cache fous fon écorce quelque
bien.

## LV.

IE m'affûre que vous ne voudriez
pas eftre riche pour devenir efclave, puifque de tous les biens dont

on

on peut joüir en ce monde, il n'en est point qui vaille la liberté, dites-moy donc, je vous prie, laquelle des deux libertez vous aimeriez mieux perdre, celle du corps, ou celle de l'esprit ? Vous me répondrez incontinent qu'il n'y a pas lieu de douter que la servitude du cœur est pire mille fois que celle du corps; j'en tombe d'accord avec vous, mais il faut aussi que je vous apprenne que la vraye liberté du cœur ne sçauroit s'obtenir que par un genereux mépris des richesses.

## LVI.

SOuvenez-vous que vous estes homme, & mettez au rang des choses humaines tout ce qui vous arrive, de quelque nature que cela puisse estre. Preparez-vous à essuyer un million de disgraces, & n'en soyez pas plus étonné quand elles vous arriveront, que lors que vous les con-

tem-

templez dans vos semblables. Vous
a-t-on blessé dangereusement à la
main ou au bras? d'autres ont esté
estropiez comme vous , & cet accident n'est tout au plus qu'une disgrace.

## LVII.

PRenez garde de ne pas desirer
tout ce qui vous semble bon ; il
faut regarder les moyens aussi-bien
que la fin. Il y a des endroits fort
plaisans & fort agreables dans le
monde, où personne n'ose aller, parce que le chemin qui y conduit est
trés-rude & trés-difficile. Je veux
que ce que vous desirez soit parfaitement bon , si toutefois il estoit necessaire pour l'obtenir de faire une
lascheté & d'essuyer beaucoup de
fatigues , je serois d'avis que vous
n'y songeassiez plus.

H     LVIII.

## LVIII.

POur bien juger de l'affliction, il faut la regarder comme le principe & le commencement d'un fort grand bien , & non pas comme un mal. Ne vous effrayez point de l'apparence, il n'y a pas jusqu'à un geant qui ne soit plus petit qu'un moucheron quand il commence à se former dans le sein de sa mere.

## LIX.

NE donnez jamais dans le sentiment du vulgaire, & ne mesurez pas les choses à l'opinion commune; c'est une erreur de conclûre vistement qu'un homme est fort heureux & qu'il se porte bien , parce qu'on le voit fort gay & fort enjoüé , il ne faut pas aussi se persuader qu'il est malade , ou qu'il a receu quelque déplaisir , parce qu'on le voit chagrin & melancholique. Rien n'est

plus ordinaire dans l'uſage des choſes, que le déguiſement. Ne voit-on
pas tous les jours une infinité de perſonnes triſtes & abbatües parmi les
honneurs & les richeſſes, & d'autres
qui font éclater publiquement leur
joye, encore qu'elles ſoient dans une
extreme neceſſité ?

## LX.

AVant que de juger d'une choſe,
il en faut bien conſiderer la fin.
Vous pouvez en toute ſûreté nom-
mer une choſe bonne, quand elle eſt
telle dans ſa fin, bien que d'abord
elle paroiſſe ne l'eſtre pas, & rejet-
ter comme mauvaiſe celle qui n'eſt
pas bonne dans ſa fin, encore qu'elle ait d'aſſez beaux commencemens.
Sur ce pied-là on doit fort peu eſtimer toutes les choſes de ce monde,
puis qu'elles ſont ſi proches de leur
fin. Les biens de cette vie ſont moins

considerables par leur multitude, que
par leur durée.

## LXI.

LE bien, à qui le veut examiner
de fort prés, consiste dans l'a-
ction; la vertu est un bien qui ne depend point de la fortune, & sur lequel l'envie ne sçauroit trouver de
prise. Taschez de vous rendre maî-
tre de ce bien, je vous assûre que
vous le pouvez; toutefois comme il
n'y a personne qui vous puisse donner ce thresor, il ne faut pas aussi que
vous portiez envie à ceux qui l'ont
trouvé. Quelque bien qu'un homme ait receu de la fortune, il n'en
est pas pour cela plus heureux, &
son bonheur apparent ne doit pas
faire naistre la jalousie dans vostre
ame, portez luy plustost compas-
sion, & plaignez le de ce qu'il est ex-
posé aux caprices & à l'insolence de
la fortune.

LXII.

## LXII.

QUand vous verrez un homme extremement riche & dans une belle paſſe, gardez-vous bien de l'eſtimer heureux; dites pluſtoſt par un ſentiment de compaſſion, helas! il n'eſt pas fort éloigné de ſa ruine, du moins il eſt menacé de quelque grand malheur, & s'il vit iong-temps, il ſera contraint d'eſſuyer beaucoup de diſgraces. On n'eſt pas en butte à tous ces fâcheux accidens, lors qu'on ſe trouve dans une condition mediocre, & qu'on n'a que peu de bien. Je veux qu'il y ait quelque avantage, & méme quelque ſolidité dans les biens qu'on peut acquerir ſur la terre, il ſera neanmoins toûjours vray de dire qu'on ne doit pas les eſtimer, puis qu'ils ne ſont autre choſe, que le ſujet de tous nos maux, & la ſource de toutes nos diſgraces.

H 3     LXIII.

## LXIII.

VOus ne mépriseriez jamais un homme, & vous ne luy porteriez aussi jamais d'envie, si au lieu de faire reflexion sur l'estat present où il se trouve, vous vous arrestiez à considerer ce qu'il a esté autrefois, ou ce qu'il peut encore devenir. Est-il fort riche maintenant ? il peut devenir pauvre. Est-il dans une des premieres charges du Royaume ? on le verra peut-estre bien-tost parmi les criminels dans une prison ; ne le méprisez point s'il est en necessité, car vous aurez besoin de son credit quand la fortune l'aura relevé.

## LXIV.

SI vous trouvez mauvais qu'on vous ait refusé ce que l'on a facilement accordé à un flatteur, vous ne valez pas mieux que luy, du moins

moins voſtre plainte n'eſt guéres raiſonnable. Ignorez-vous encore que
les choſes de ce monde ne ſe donnent
jamais pour rien , mais qu'au contraire elles ſe vendent toûjours fort
cherement, & que la monnoye qui
a le plus de cours parmi les hommes,
c'eſt la flaterie ? ſi vous ne l'avez of-
ferte à perſonne , comment vous
étonnez-vous de ce qu'on ne vous
a rien donné ? & ſi vous vous en
eſtes ſervi auſſi-bien que les autres,
que ne ſongez-vous à effacer par un
ſincere repentir la faute que vous
avez commiſe ?

## LXV.

D Ans les achapts qui ſe font , l'un
donne, & l'autre reçoit quelque choſe, mais celuy qui n'achepte
rien , demeure avec ce qu'il avoit.
Ne vous plaignez point de ce qu'on
vous a refuſé ce qui ne s'accorde d'ordinaire qu'à des crimes. Contentez-

vous de demeurer avec ce que vous
possediez auparavant, & de n'estre
point devenu méchant. Ce n'est pas
un petit avantage pour vous, de vous
estre conservé dans une si grande corruption, & d'avoir sceu mépriser ce
qui n'a que l'apparence du bien.

## LXVI.

C'Est estre foû, que de se vendre
soy-méme pour acheter un ha-
bit ; comment osez-vous donc livrer
voftre esprit pour contenter voftre
corps ? quiconque s'inquiéte pour les
commoditez & les plaisirs du corps,
est déja esclave de ce qu'il souhaite.
Vous n'avez que ce que vous meritez, quand pour avoir trop flatté
voftre corps, voftre ame est plongée
dans une servitude honteuse.

## LXVII.

RIen n'est plus admirable, ni plus
digne d'estre estimé de toutes
sortes

fortes de perſonnes, qu'une ame genereuſe qui refuſe conſtamment les
loüanges, & qui ne fait pas ce tort à
la vertu, de la ſervir par intereſt.
Vous ne ſçauriez trouver rien de plus
grand parmi les hommes, qu'un
eſprit noble, genereux & élevé, qui
mépriſe avec ſageſſe ce qui éblouït &
ce qui charme preſque tout le monde. Or c'eſt là juſtement comme ſe
comporte celuy qui mépriſe l'honneur, & qui ne veut point de l'encens
des flatteurs.

## LXVIII.

L Es biens de cette vie ſont comme les Orties qui eſtant vertes
paroiſſent de loin fort agréables, mais
qui piquent ceux qui les touchent.
Ce que nous deſirons, ou ce que
nous eſperons, nous ſemble parfaitement bon, tandis qu'il eſt éloigné,
mais à peine l'avons-nous dans nos

mains, qu'il nous blesse jusqu'au fond
du cœur.

## LXIX.

UN soû desire toûjours, & ne
regarde seulement pas ce qu'il a
en son pouvoir, encore que ce soit
d'ordinaire quelque chose de meilleur, que ce qu'il pretend. Ainsi ces
sortes de personnes ne joüissent de
quoy que ce soit, lors qu'elles veulent tout avoir. Les desirs se com-
battent, & se font une cruelle guerre
pour se détruire.

## LXX.

IL est mal-aisé d'obtenir ce que
plusieurs personnes souhaitent,
mais je tiens qu'il est aussi trés-difficile de le conserver aprés l'avoir
obtenu. Le grand nombre de pre-
tendans empesche le plus souvent
qu'on ne vienne à bout de ses desseins, mais celuy des envieux trou-
ble

ble & inquiéte un homme dans sa possession. Enfin plus on desire une chose, plus elle s'éloigne.

## LXXI.

VOicy en peu de mots le caractere d'un homme sage, & la plus juste idée qu'on en puisse donner : il doit vouloir, sans desirer; ne rien craindre, & se précautionner toûjours; estre content, & füir le plaisir; n'aimer que ce qui est conforme à la raison; pourvoir à tout ce qui est necessaire, & ne s'inquieter jamais; ne prendre aucun divertissement s'il n'est fort honneste; ne s'affliger que lors qu'il a commis une faute, bien qu'il en dût estre exempt, puis qu'il fait profession de suivre la raison en toutes choses.

## LXXII.

UN homme de bien a cet avantage, qu'il se croit heureux parmi les plus horribles tourmens; & certainement il ne se trompe pas. Tout ce qui n'est point capable de ternir sa vertu, ne passe point chez luy pour un mal; il ne craint que le peché, il souffre constamment la peine, il fuit la volupté, il contemple avec un genereux mépris la vaste étenduë du Royaume de la fortune, & il fait teste à toute sa puissance, sans autre secours que celuy qu'il tire de sa patience & de son propre courage.

## LXXIII.

SOyez toûjours en garde contre les accidens les plus fâcheux & les plus surprenans, & faites en sorte que toutes les infortunes qui peuvent arriver, previennent plutost vostre
volon-

volonté, que voftre jugement. Le plus fage de tous les mortels ne fçau-roit, quoy qu'il faffe, s'exempter des difgraces & des malheurs de cette vie, mais il a cela de particulier, qu'il ne fe trouve jamais furpris. Ne deter-minez rien, que vous n'y mettiez cette claufe, fi quelque revers de for-tune ne m'en empefche. Il eft bon de n'apprehender pas la fortune, mais il eft bon auffi de la prevenir, afin de n'eftre point en butte à fes caprices & à fes bizarreries.

## LXXIV.

S'Il arrive que les chofes ne réüffif-fent pas fi mal que vous l'aviez penfé, encore que le fuccés ne foit pas tout à fait felon voftre defir, cette petite difgrace ne laiffera pas de vous affliger. Quand on ne fe promet au-cun fuccés, on a moins de chagrin de fe voir trompé par fes propres defirs.

H 7

LXXV.

## LXXV.

SOngez pluſtoſt à ce qui peut arriver, qu'à ce qui arrive ordinairement; c'eſt là le vray moyen de
vivre fort en repos. En effet comme
l'on ſupporte plus aiſément un mal
auquel on s'eſt accoûtumé depuis
long-temps, ainſi on eſt moins ſur-
pris d'un accident, quelque fâcheux
qu'il puiſſe eſtre, quand on l'a pre-
veu, & qu'on s'eſt preparé à le recevoir. Ceux qui font voyage ſur la
mer, encore que le temps ſoit beau,
& qu'il n'y ait alors aucune apparence de danger, ne laiſſent pas de mettre dans le vaiſſeau tous les inſtru-
mens neceſſaires pour ſe garantir du
naufrage, en cas qu'il s'éleve quelque tempeſte. Voilà comme doit
agir un homme prudent, il faut
qu'eſtant dans la bonne fortune, il
ſe prepare à ſoûtenir la mauvaiſe.

LXXVI.

## LXXVI.

PUis qu'on juge que c'est une
espece de liberté, que d'obeïr à
un homme sage, il faut dire aussi que
c'est une maniere de servitude d'avoir
quelque empire sur des personnes qui
n'ont ni retenüe, ni sagesse. Un foû
est tourmenté de deux maux bien
étranges. Le premier, c'est qu'il est
foû ; l'autre, c'est qu'il fait suppléer
la malice au defaut du jugement ; car
de méme qu'un homme qui est bien
sage, supplée par sa bonne conduite
à tout ce qui luy manque d'ailleurs ;
ainsi celuy qui n'a ni habileté ni discretion, met en usage toute la malignité de son esprit.

## LXXVII.

ARistote a fort sagement remarqué que c'est le propre des foûs
de juger sans cesse de toutes sortes de
choses, de decider à la haste sans
con-

conſulter la raiſon , de ne ſe point
vouloir ſervir des biens preſens , &
de ne s'étudier jamais à connôître
ce qui peut rendre un homme heureux en ce monde. Ce grand homme me permettra bien d'ajouſter
qu'il n'y a point de folie ſemblable
à celle d'un homme qui n'ignorant
pas en quoy conſiſte le bien & la felicité de cette vie , mene toutefois
une vie fort déreglée.

## LXXVIII.

LA parfaite ſageſſe ne conſiſte
pas tant à percer bien avant
dans les plus hautes ſciences , qu'à
bien concerter ſes deſſeins , ſes paroles & toutes ſes entrepriſes. C'eſt
une grande marque de ſageſſe , que
de s'attacher à ce qui eſt bon en
ſoy , au lieu de s'amuſer à faire la
découverte des myſteres & des ſe-
crets de la nature ; à moderer les
fougues & les emportemens des paſſions,

fions, au lieu de faire des raifon-
nemens inutiles & des difcours à
perte de veüe ; à fe contenter de
foi-méme, & à fe rendre independant de la fortune.

## LXXIX.

J'Eftime un homme heureux à qui
il faut moins de chofes pour vivre tranquilement & avec plaifir,
que pour vivre fimplement. Pour
vivre, il a befoin de nourriture,
d'habits, & de plufieurs autres chofes ; pour vivre content, il fuffit
d'avoir une ame élevée, qui contemple indifferemment la bonne &
la mauvaife fortune, qui n'eftime
que ce qui doit durer eternellement,
qui fait tout fon poffible pour fe
rendre femblable à Dieu, qui trouve fon repos, fa joye & fa felicité
dans le mépris qu'elle fçait faire de
tous les biens qui dependent de la
fortune.

LXXX.

## LXXX.

IL est plus facile qu'on ne croit de
se rendre maiſtre de tout le monde, il ne faut que mépriſer tout, &
faire un excellent uſage des choſes.
L'excellence du domaine ſe doit me-
ſurer au profit qu'on en retire ; or
il eſt clair, que perſonne ne fait un
meilleur uſage, & ne retire plus
d'utilité de toutes les choſes du
monde, que celuy qui les mépriſe
par vertu.

## LXXXI.

TOus les méchans ſont eſclaves,
il n'y a que l'homme de bien
qui ſoit parfaitement libre. Peut-on
imaginer une liberté plus entiere,
que celle dont vous joüiſſez ? Puisque nul ne vous peut empécher de
vivre comme il vous plaiſt, il s'en
faut beaucoup qu'un libertin ſoit
auſſi heureux que vous, car il s'eſt
fait

fait une malheureuſe neceſſité d'obeïr
à ſes paſſions & de ſe laiſſer commander par les vices les plus infames.
Les loix luy defendent de chercher
ce qu'il deſire ; & il n'a pas la liberté de ſouhaiter le bien, depuis
qu'il s'eſt rendu eſclave de ſes méchantes inclinations. Mais rien ne
peut s'oppoſer aux deſirs & aux entrepriſes de celuy qui s'eſt engagé
dans le parti de la vertu, il s'attache
uniquement à ce qui eſt honneſte,
il ſuit toûjours la raiſon comme la
ſeule regle de ſes actions & de ſa
conduite.

## LXXXII.

IL n'eſt point de liberté ſemblable
à celle d'un homme qui s'eſt accoûtumé à ne vouloir que ce que
Dieu veut, il ne luy arrive jamais
rien contre ſa volonté, & il execute
tous ſes deſſeins malgré les plus fortes oppoſitions. On eſt tout à fait
maiſtre

maiſtre de ſoi-méme, quand au lieu
de faire venir avec violence les choſes à ſon point & à ſon humeur, on
ſçait accommoder ſon gouſt & ſes inclinations aux choſes mémes. N’eſt-
ce pas vivre dans une grande liberté,
que de pouvoir diſpoſer entierement
de ſoy ?

## LXXXIII.

VOus avez beau eſtre Roy; ſi
vous n’eſtes vertueux, vous eſtes
eſclave; mais ſi vous eſtes homme de
bien, vous eſtes vrayment Roy encore que l’on vous voye engagé par
voſtre condition à ſervir les autres.
Le voluptueux n’eſt pas eſclave d’un
homme, mais il l’eſt de pluſieurs vices; l’homme de bien a un empire abſolu ſur ſon cœur, & il a droit
de ſe qualifier Roy de toutes ſes
paſſions. Qu’appellez-vous regner,
ſinon joüir d’une fort grande puiſſance qui ne releve de perſonne ?

Et

Et où penſez-vous qu'elle ſe rencontre ? demandez le au fameux Cri-
ſippe, il vous répondra que cette
ſouveraine authorité ne reſide que
dans les perſonnes qui ſont doüées
d'une parfaite ſageſſe.

## LXXXIV.

LA patience repouſſe admirablement les injures , & la charité
empeſche qu'on n'en faſſe à qui que
ce ſoit. Si vous avez l'ame aſſez droi-
te pour n'eſtimer en ce monde que
la pure vertu, vous ne ſerez pas fort
ſenſible aux affronts & aux injures,
& les accidens les plus fâcheux n'é-
branleront point voſtre conſtance;
& vous ne les regarderez plus comme des maux. Ne vous choquez
point de ce qu'un autre a parlé mal
de vous ; enfin ſi vous eſtes vrayment ſage, vous ne vous allarmerez
jamais, ſinon lorſque vous vous re-
connoîtrez coupable d'un peché.

LXXXV.

## LXXXV.

NE vous efforcez point de plaire à tout le monde, taschez seulement d'imiter ceux qui sont vrayment sages & consommez en vertu. Faites vostre devoir, & laissez gronder les gens. Je tiens pour moy que c'est une grande loüange, que de ne plaire point aux méchans; considerez bien qui sont ceux qui approuvent ce que vous faites; il vaut mieux agréer à un seul, pourveu qu'il ait de la vertu & du discernement, qu'à un tas de gens corrompus par le vice. J'ay appris de l'un des oracles de la Philosophie, qu'un honneste homme n'est pas tout à fait heureux, s'il n'est méprisé des gens du commun.

## LXXXVI.

ACcoûtumez-vous à bien faire en toutes occasions, il n'y a rien

qui

qui couste plus à entretenir que
l'estime. De toutes les maladies, il
n'en est point de si difficile à guerir
que celle de la reputation, sur tout
lors qu'elle a déja commencé de
s'affoiblir. La reputation ne s'acquiert pas sans bonheur, mais pour
la conserver, il faut estre trés-habi-
le, & ne point épargner ses peines ni
ses soins.

## LXXXVII.

UN homme vertueux peut se
venger innocemment de ses ennemis, en continuant à bien faire, &
un méchant homme, en changeant
de vie. O l'heureuse vengeance?
puis qu'elle est d'une fort grande
utilité pour les uns, & qu'elle ne
blesse point les autres.

## LXXXVIII.

SI ce qu'on dit de vous se trouve
conforme à la verité, recevez le
comme

comme un avis trés-important ;
c'eſt une fauſſeté, ne vous en me
tez nullement en peine, & ſoy
perſuadé que la médiſance ne ſe
qu'augmenter voſtre reputation.
vous ſera toûjours glorieux que l'c
ſçache que voſtre ennemi a eu r
cours au menſonge & à l'impoſtur
n'ayant pu trouver rien à blâm
dans voſtre conduite.

## LXXXIX.

NE vous mettez pas du coſté d
voſtre ennemi, en prenant tro
à cœur les choſes qu'il publie contr
vous, car il ne les dit que pou
vous fâcher, & il n'a pas deſſein d
vous rendre plus homme de bien e
ſe dechainant contre vous ; tout ſo
but n'eſt que de vous donner beau
coup de chagrin, vengez-vous d
luy, puiſque cela eſt en voſtre pou
voir, & pour le fruſtrer de ſon e
ſperance, corrigez vos propres dé
fauts

fauts, ne vous mettez point en colere, & méprisez ses injures.

## XC.

Lors que vous verrez que les choses sont sans remede, tâchez de
voftre cofté d'y en apporter quelqu'un en moderant voftre chagrin
par le mépris de la chofe méme qui
l'a fait naiftre, ou par une ferieufe reflexion fur le dommage que peut cau-
fer une violente affliction. Si le mal
eft fans remede, ne vous abandonnez point pour cela au defefpoir;
la malignité des hommes peut bien
nous reduire à de trés-fâcheufes extremitez d'où il n'y a nul moyen de
revenir; mais il n'y a que noüs feuls
qui foyons capables d'ofter à nos
paffions les remedes qui leur font
propres.


I        XCI. La

## XCI.

LA colere se nuit plus à elle-mé-me qu'on ne se l'imagine, car elle se prive de la raison & du bon sens quand elle en a le plus grand besoin. Vous m'avoüerez qu'il faut beaucoup de lumiere & de jugement pour se ti-rer d'un grand danger, aussi-bien que pour s'exempter de folie; dites moy donc, je vous supplie, s'il est possible de concevoir un plus grand danger & une folie plus surprenante, que de se mettre en hazard de perdre la vie pour satisfaire sa vengeance?

## XCII.

QUand aprés avoir bien fatigué pour trouver le temps propre à la vengeance, vous rencontrez de grands obstacles à vostre dessein, qu'avez-vous gagné, sinon beaucoup de chagrin, de rage, & de dépit? on peut encore ajouster que vous avez

fait

fait naiſtre une belle occaſion à voſtre
ennemi de ſe venger de vous, tellement qu'une méme choſe devient
voſtre ſupplice & voſtre vengeance.

## XCIII.

EStes-vous pauvre ? vous devez
vous conſoler, parce que vous
vivrez en aſſûrance, au lieu que ceux
qui ſont riches, ont toûjours ſujet de
trembler, ſe voyant expoſez à mille
accidens trés-funeſtes. C'eſtoit bien
aſſez d'avoir l'un en échange de l'autre, mais voſtre ſort eſt encore meilleur, puiſque la pauvreté, & les autres miſeres de cette vie ne ſoÿt preſque rien en comparaiſon des malheurs extrémes qui menacent ſans
ceſſe les perſonnes riches.

## XCIV.

DEfaites-vous au pluſtoſt de ces
ſortes de choſes, leſquelles eſtant
conſervées avec trop de ſoin, ſont

comme si elles estoient perdües. L'or est semblable à une humeur maligne qu'il faut dessécher & consumer promptement, si l'on se veut garantir de la mort. C'est se rendre coupable d'une étrange infidelité envers Dieu, que de ne pas employer au soulagement des pauvres & des miserables ce que l'on a de trop. Sçachez que ce superflu leur apartient, & que Dieu ne vous l'a mis entre les mains que pour les secourir dans leurs besoins.

## XCV.

JE ne sçai s'il y a une folie pareille à celle d'un homme qui voulant s'établir dans une parfaite independance, & n'estre sujet à qui que ce soit dans le monde, croit que le veritable moyen pour parvenir à la fin, est de se rendre esclave des richesses. On peut bien sans infamie obeïr à un homme, mais il est toûjours honteux d'estre captif d'un metal.

XCVI.

## XCVI.

LEs ambitieux qui veulent commander aux hommes, ne prennent pas garde qu'ils font esclaves de leurs paffions, & qu'ils obeïffent à je ne fçai combien de vices. Quiconque cherche à s'appuyer fur la fortune, n'ira pas bien loin avec une protection fi foible, il luy feroit plus honnorable & plus avantageux de prendre la vertu pour fa caution. Un homme de bien ne peut manquer d'eftre heureux, & il fera toûjours en grande authorité tandis qu'il gouvernera abfolument fon cœur & fes paffions.

## XCVII.

ON ne doit guéres apprehender le pouvoir & l'infolence de la fortune, quand on fe trouve avec peu de bien, & dans une mediocre condition. Il vaut mieux n'eftre pas ex-

I 3

posé

poſé à tant de perils, que d'avoir
beaucoup de ſuperflu. On rencontre aſſez de gens qui reçoivent des fa-
veurs exceſſives de la fortune, cependant quelque profuſion qu'elle faſſe,
il n'eſt pas en ſon pouvoir de contenter un homme qui deſire plus de bien
qu'il ne luy en faut. Celuy qui veut
mal employer ſon argent, n'en a jamais de reſte. Il coûte furieuſement
à entretenir un vice.

## XCVIII.

VOus vous flattez mal à propos
d'eſtre vertueux parce que vous
avez ſouffert un mépris. Vous n'a-
vez fait tout au plus qu'égaler voſtre
patience à celle d'un ambitieux, qui
ne fait nulle difficulté d'eſſuyer un
million de diſgraces afin de parvenir
à ſon but. Deſirez-vous d'eſtre loüé
parce que voſtre vertu reſſemble extremement au vice d'un autre ? Eh !
quelle lâcheté, de ne vouloir pas
ſouf-

souffrir davantage pour obtenir une recompenſe eternelle, que les ſectateurs du monde pour acquerir des honneurs & des biens periſſables !

## XCIX.

IL vaut mieux ne prendre point de chagrin, que de recevoir beaucoup de conſolation. Toutes les joyes du monde ne ſçauroient nous oſter un cheveu gris de la teſte, mais il ne faut que quelques peines d'eſprit & un peu de chagrin, pour nous faire blanchir devant le temps. Il faut qu'un homme ait un fort grand ſens & beaucoup de ſageſſe, pour ne ſe troubler jamais de quoy que ce ſoit, & pour vivre content dans une privation generale des plaiſirs & des contentemens que la pluſpart des gens recherchent avec une ardeur incroyable.

## C.

ON se plaint dans la mauvaise fortune, on est fier & insupportable dans la bonne. Il n'y a point de condition qui ne soit sujette à quelque vice, hormis celle qui imite la vertu, gardant constamment le milieu, & s'éloignant avec beaucoup de soin de toutes les extremitez. Vous voyez donc qu'il n'est pas si difficile qu'on se l'imagine ordinairement, d'acquerir la vertu, il ne faut pour cela que supporter la mauvaise fortune sans chagrin, & vivre dans la prosperité sans arrogance.

## F I N.

# Fautes à corriger.

Page 23. *Reflexion* X X X V I I. ne diſtingant pas, *liſez*, ne diſtinguant pas. *T.* 45. *Reflexion* L X X I I. & n'en vouloir, *liſez*, & ne vouloir. *P.* 55. *Reflex.* X C I. la ſubſcription, *liſez*, ſuſcription. *P.* 73. *Reflex.* X I X. dont il a pleu, *liſez*, dont il a plû. *P.* 94. *Reflex.* L. qu'une incendie, *liſez*, qu'un incendie. *P.* 125. *Reflexion* X C I I. qu'une grande incendie, *liſez*, qu'un grand incendie.